JN424815

코자크와
오렌지혁명의 나라

우크라이나

UKRAINE

The Nation of Kozak and
Orange Revolution

국립중앙도서관 출판시도서목록(CIP)

코자크와 오렌지혁명의 나라 우크라이나 / 지은이 : 홍석우, --서
울 : 한국외국어대학교출판부, 2008
p. ; cm

참고문헌과 색인 수록
ISBN 978-89-7464-512-0 03920 : ₩14000

우크라이나(국명)[Ukraine]

929.81-KDC4
947.7-DDC21 CIP2008003478

'동'과 '서'의 문화를 융합한 독특한 정체성의 우크라이나

코자크와
오렌지혁명의 나라

우크라이나

UKRAINE

The Nation of Kozak and Orange Revolution

홍석우

한국외국어대학교 출판부

머리말

U K R A I N E

우크라이나계 사학자인 오레스트 서브트니(Orest Subtenly)는 "우크라이나는 변경(邊境, borderland)을 의미한다"라고 언급하면서 자신의 저서 *Ukraine : A History*를 시작한다. '우크라이나'의 사전적 의미가 설명하듯, 실제 우크라이나는 역사 속에서 독립된 민족국가로 존재하지 못하고 여러 국가들과 제국들 사이에 위치하며 완충지대의 역할을 해 왔으며, 우크라이나인들은 국가 없이 주변민족들의 통치 아래 놓이며 다양한 문화적 영향을 받아왔다. 이러한 이유에서 우크라이나의 역사와 문화는 항상 역사의 중심에서 부각되지 못했고, 폴란드, 러시아 등 제국의 역사 및 문화 주변부에 위치하며 경시되는 경향이 있어왔다.

1991년 소련의 붕괴와 함께 우크라이나는 오래된 민족으로서 신생독립국을 형성하게 된다. 이후 우크라이나는 주변 국가들과는 다른 역사 발전 경로를 밟아 왔으며, 독자적인 정체성을 형성해 온 민족이었다는 사실을 강조하고 있다. 우크라이나 정부와 민족주의자들은 이와 같은 입장에서 새로운 신화를 창조하고 민족주의적 역사관을 확립하면서 우크라이나 민족의 역사를 새롭게 쓰고 있다. 또한 우크라이나 민족정체성은 '동'과 '서' 문화를 종합하여 성립된 독특한 것으로 설명해 나가고 있다. 결국 우크라이나는 주변 국가 및 러시아와 구별되는 민족/국가 정체성을 확립하면서, 새롭게 펼쳐지는 국제관계 속에서 독립된 정치체로서 거듭나려는 노력을 기울이고 있다.

새롭게 자신의 정체성을 정의하고 재정립하려는 우크라이나인들의 노력은 탈러시아화 정책으로 이어졌으며, 이는 형제민족인 러시아와 계속적인 갈등을 유발하게 했다. 2004년 12월 탈러친서방의 경향을 보였던 오렌지 혁명, 2006년 1월 러시아의 우크라이나 가스공급중단, 2008년 그루지아 사태 이후 심화된 흑해함대 문제 등을 통해 우크라이나와 러시아는 국가적 차원에서 뿐만 아니라 사회그룹 및 개인적 차원에서도 수없이 많은 갈등을 겪고 있다.

변화하는 우크라이나 사회를 보며, 우리는 과연 우크라이나 정체성의 재정립 과정은 언제까지 이어지며, 어떠한 결과를 초래할 것인가? 진정으로 우크라이나 정부는 탈러시아화를 통해 독자적인 정체성을 형성하며, 우크라이나에 유리한 국가발전전략을 추진할 수 있을 것인가? 우크라이나의 민족정체성이란 과연 무엇인가? 우크라이나인들은 전환기시대에 어떠한 정체성변화를 경험하고 있는가? 등 많은 의문들을 제기하게 된다.

이와 같은 질문에 대한 답을 얻기 위해 본인은 여러 차례 우크라이나를 방문하게 되었고, 실제 우크라이나 사회의 많은 변화 모습을 목격할 수 있었다. 세계화과정에 통합되면서, 서구 자본의 유입이 눈에 띠게 나타났고, 현상적 변화뿐만 아니라 젊은이들의 사고방식과 가치체계에도 많은 변화가 발생함을 볼 수 있었다. 변화의 속도도 매우 빨라 매번 방문할 때 마다 새로운 건물들이 들어서며 키예프의 스카이라인을 현대적으로 변화시켜 갔으며, 과거 10~12세기에 존재했던 역사적 건물들이 복원되며 新과 舊가 나란히 공존하게 됨을 볼 수 있었다. 키예프 도심의 일부 아파트 가격은 우리의 강남 아파트 가격을 앞서기도 했다. 그러면서도 키예프 거리에서 만나는 많은 우크라이나인들은 여전히 러시아어를 사용하고 있었다. 빈부의 차이는 극심하게 나타나고 있고, 정부는 민족주의적 역사관을 공식화해가고 있는 반면, 국민들 사이 친러시아적 문화경향도 쉽게 발견할 수 있었다.

이렇듯 복잡하고 모순적인 성격을 반영하는 현대 우크라이나 사회의 변화 방향과 발전논리를 올바르게 이해하기 위해서는 우크라이나에 대한 보다 과학적이며 지속적인 분석이 필요하다. 한 민족의 사회변화는 분명 다양한 분야에서 다수의 학자 및 전문가들에 의해 분석되어야 할 것이다.

여기에 소개된 글들은 본인이 그동안 우크라이나 지역을 연구하면서 몇몇 논문집에 발표했던 내용들을 현 시점에 맞게 수정, 보완하여 발전시킨 것들이다.

본 서적에 소개된 7편의 글들은 각각 독립적인 내용을 다루면서도 다음의 점들에서 연속성과 관련성을 갖는다고 하겠다. 첫째, 현재의 시점에서 출발하여 우크라이나가 당면한 문화적 이슈들을 통시적, 공시적 입장에서 분석했다는 것이다. 둘째, 우크라이나의 문화정체성을 반영하는 많은 문화적 요소들에 집중하여 논의를 전개했다. 다시 말해 문화를 구성하는 기본적이며, 상호유기적인 요소들인 상징, 풍자와 농담, 축일과 기념일, 의식, 혼례, 가치체계 등에 초점을 맞추어 우크라이나 문화의 변화 양상을 분석하였다. 셋째, 민속학자로서 저자는 여기 소개된 7편의 글들을 민속학적, 문화론적 관점에서 분석하려 노력했다. 미시적 연구방법을 활용하여 대중들의 견해와 감정을 반영할 수 있는, 생활 속에서 얻어지는 자료들을 소개하려 노력했다. 이와 같은 공통점 속에서 본 서적은 다음과 같은 장들로 구성되었다.

제1장은 본 서적의 기본적 전제로서 우크라이나 문화를 이해하는 틀을 제시해 준다고 하겠다. 우크라이나의 문화정체성을 이해하는데 가장 기본이 되는 개념으로 '동'과 '서'라는 지리, 문화적 개념을 소개했다. '동'과 '서'가 의미하는 것은 무엇이며, 이 개념이 어째서 현대 우크라이나의 문제점을 이해하는데 중요한 지를 설명했다.

제2장은 현대 우크라이나에서 가장 중요한 역사적 사건이었던 오렌지혁명을 기점으로 그 전과 후에 회자되던 정치적 풍자와 농담을 소개하였다. 이들 구술민속의 소개를 통해 저자는 이들이 단지 의사소통과 대중적 여흥거리만을 전달하는 것이 아니라, 불안정한 상태에 있는 실제 사회 체계 및 사회문화 현상을 은유적으로 반영하는 역할을 한다는 것을 설명했다. 전이시기 '일탈'과 '전복'을 통한 의례의 형성과정을 설명한 빅토르 터너의 의례연구이론을 우크라이나의 현실 사회에 적용하여, 체제전환을 경험하는 우크라이나인들이 정치적 풍자와 농담 등의 민속창작을 통해서 일상적인 상태에서 이탈한 새로운 상태를 경험하고 일시적인 자유와 해방감을 느끼게 된다고 설명했다.

제3장은 '상징이 의사소통의 수단'으로서 현대 우크라이나 민족, 국가정체성의 내용과 형성 과정을 설명하는 키워드라는 생각 아래 우크라이나 정치 전반에서 사용되는 상징들을 소개했다. 여기서 본인은 국가, 정당, 개인적 차원에서 여성, 종교, 정당, 민족 등 다양한 목소리를 반영하는 상징들을 소개했는데, 이들 개개의 다양한 상징들은 연관성이 없는 것들의 나열로 보일 수 있으나, 결국 새로운 공동체의 건설, 우크라이나 국가 및 민족정체성의 건설 속에서 발생하는 중요한 구성성분으로 파악해야 할 것이라고 설명하였다. 이러한 논의 과정에서 상징과 정치와의 관계, 상징을 형성, 발전, 변용시키는 우크라이나인들의 문화적 역동성 등도 함께 설명하였다.

제4장은 1991년 이후 우크라이나 정부가 민족정체성의 확립과 이를 토대로 한 새로운 국가건설이라는 임무를 수행해 오는 과정에서 국민들에게 통치 이념과 방향을 제시하기 위해 축일과 기념일등을 이용해 왔음을 보여주고 있다. 우크라이나 정부가 기존의 사회주의적 축일과 기념일을 없애고 새로운 통치 이념을 반영하는 축일과 기념일 및 의례들을 어떻게 만들었으며, 어떠한 과정을 통해 기존의 것들을 상황에 맞게 바꾸었는가를 설명했다.

제5장은 정치문화를 다루었던 앞의 장들과는 달리 우크라이나인들의 정신적, 종교적 특성을 다루었다. 종교와 교회를 중심으로 민간 신앙의 변화를 읽어냈던 기존의 연구와는 달리, 여기서 본인은 대중의 민속 문화 속에서 민간 신앙과 기독교가 어떠한 관계를 이루며 존재하는가를 조명해 보았다. 본 연구는 우크라이나인들이 갖는 관념의 외적 표현인 물질문화 속에서 민간 신앙적 요소와 기독교적 요소가 함께 공존한다는 사실을 보여주고 있는데, 이와 같은 혼합주의적 종교성이 과연 현대 우크라이나인들의 사고방식과 문화체계에 어떠한 영향을 미칠지 연구할 필요성이 있다는 사실을 강조했다.

제6장은 우크라이나의 독특한 정신세계를 이해하기 위해 혼례를 다루었다. 저자는 혼례의 많은 측면 중 혼례가 갖는 질서와 혼돈의 '전복'이라는 기능에 초점을 맞추며, '집시 축연'(tsyhanshchyna)과 '모의 혼례'(mock wedding)를 소개했다. 이 두 의례를 비교하면서, 우크라이나인들의 심오한 철학을 소개하고,

우크라이나인들이 친자연주의적 세계관을 추구하려 했다는 사실을 증명해 보였다. 또한 시간과 공간의 변화 속에서 우크라이나인들이 어떻게 전통을 계승, 발전 시켰는지를 소개했다.

제7장은 앞의 장들을 총괄하는 결론부분으로 세계화 시대 우크라이나 문화의 변화양상과 방향을 분석, 전망하고 있다. 기어츠가 제시한 문화표현의 양파이론을 이용하여 서구문화의 유입으로 발생하는 영향의 가시적 효과는 상징과 영웅, 의례 등 관습적인 부분에서는 두드러지게 나타났지만, 문화의 핵심이라 할 수 있는 가치체계부분에서는 많은 진통을 겪으며 상대적으로 느린 변화를 경험하고 있다고 설명했다. 오늘날 세계화 과정 속에서 우크라이나 문화 정체성의 형성은 역동적으로 진행되면서도 또한 한편으로는 많은 문제점들을 발생하고 있다고 보면서, 어떻게 우크라이나가 이들 문제점들을 극복하며 정체성을 형성해 가야 할 것인가에 대해 조심스럽게 전망하고 있다.

우크라이나는 이미 오래 전부터 '유럽의 빵바구니'로 잘 알려져 왔으며, 소비에트 시기를 거치면서 '우주항공분야의 선두주자'로 세계적 명성을 얻어왔다. 또한 최근에는 우리에게 기초과학기술과 거대한 비즈니스 시장을 제공해 줄 수 있는 기회의 땅으로 인식되기 시작했다.

그러나 많은 잠재력을 가진 우크라이나에 대한 우리의 지식과 관심은 지나치게 적었던 것이 사실이다. 이러한 현실 속에서 이 서적이 조금이나마 우크라이나를 이해하는 데 도움이 되길 기대한다.

오래되지는 않지만 저자가 1991년 대학원을 입학한 이후부터 지금까지 약 17년간 '우크라이나' 문화를 접하고 연구하며 우크라이나인들과 그들의 문화에 대해 많은 애정을 갖게 되었다. 본인이 추구하는 학문적 인생 속에서 항상 함께 곁에 있어왔던 '우크라이나'에 감사하며, 본인에게 많은 도움을 주었던 수많은 우크라이나인들께 고마움을 전한다. 특히 10여 년간 본인을 지도해 주셨던 Bohdan Medwidsky 교수와 Andriy Nahachewsky 교수, 그리고 Natalie Kononenko 교수의 지도편달에 각별한 감사의 말씀을 드린다.

한국에서 우크라이나학 연구에 전력을 다할 수 있게 길을 열어주시고 오늘의 본인을 만들어주신 여러 교수님들께 감사를 드리며, 특히 학부시기부터 지금까지 본인이 모교에서 일을 할 수 있도록 배려해주신 기연수 교수님께 특별한 감사의 말씀을 드린다. 또한 부족한 글을 선뜻 받아 출판해주신 탁경구 팀장님께도 깊은 감사의 인사를 드린다.

마지막으로 항상 본인의 든든한 후원자이시며, 힘의 근원이신 부모님과 가족들께, 그리고 변함없이 늘 곁에서 사랑의 힘을 깨닫게 해주는 고마운 아내와 아이들에게 무한한 감사를 드린다.

2008년 11월

한국외국어대학교 홍 석 우

차례

U K R A I N E

우크라이나 문화 정체성의 특성은 바로 우크라이나가 '동'과 '서' 사이에 위치하면서, 두 지역의 정치, 문화를 종합했다는 데 있다. 이와 같은 예의 하나가 바로 17~18세기 코자크의 헤트만 국가시기에 꽃피운 우크라이나 바로크이다. 이미 10세기에 지어진 페체르스크 라브라(Pechersk Lavra, 일명 키예프 동굴수도원)에는 서양의 바로크와 달리 절제된 장식을 갖춘 독특한 우크라이나 바로크 건축양식이 남아있다.

제 1 장

'동'과 '서' 사이의 우크라이나

U K R A I N E

'동'과 '서'의 의미

우크라이나는 유럽에서 러시아를 제외하고 가장 큰 국가로 독일과 영국을 합친 것 보다 큰 영토를 가지고 있으며, 인구 면에서는 2008년 현재 45,994,288명으로 유럽에서 여섯 번째로 큰 나라이다. 우크라이나의 지정학적-전략적 중요성도 매우 높아, 역사적으로 이 지역을 차지하는 국가들이 동유럽지역의 헤게모니를 차지하게 되었다. 우크라이나가 갖는 지정학적 중요성에도 불구하고, 소련으로부터 완전히 독립하기 이전까지 우크라이나인들은 역사적으로 존재했던 독립된 민족(historical nation)으로 인정받지 못했고, 우크라이나의 역사는 러시아와 폴란드의 역사관에 의해 그 정통성을 부정당해 왔다. 우크라이나를 독립된 역사를 가진 민족으로 보지 않는 주요한 이유들 중 하나는 바로 우크라이나인들이 자신들의 역사 속에서 한 번도 완성된 형태의 민족국가를 갖지 못했었다는 사실에 있다. 그러나 실제로 우크라이나인들은 러시아인들 및 폴란드인들과는 다른 역사적 환경과 발전경로를 경험하면서 독자적인 민족성을 형성해 왔고, 키예프 루시 시기의 민주주의적이며 연방주의적인 정치-문화전통의 계승자라고 자부해 왔다. 우크라이나 민족 정체성의 특성은 바로 우크라이나가 '동'과 '서' 사이에 위치하면서, 두 지역의 문화를 종합했다는 데서 찾을 수 있는 것이며, 현대 우크라이나의 정치에 있어서도, '동'과 '서'는 우크라이나가 갖는 정치문제 발생의 주요한 원인이자 또한 해결책의 근원으로 보여 지고 있다.

우크라이나의 역사에 있어 '동'과 '서'는 어느 지역을 가리키며, 또한 어떠한 의미를 갖는 것인가? 우크라이나의 역사에서 '서'는 전체로서의 유럽을 의미하는 것이다. 우크라이나를 유럽민족 공동체의 유기적 구성원으로 볼 경우 우크라이나는 '서'에 속한다고 말 할 수 있다. 우크라이나가 역사상 어떠한 유럽 국가들과 밀접한 관계를 가져 왔는가를 살펴보면, 키예프 공국시기로부터 전 우크라이나 역사시기에 걸쳐 간헐적으로 프랑스, 영국과 관계를 맺어 왔었다. 그러나 좀 더 근대의 우크라이나 역사에 있어 '서유럽'이라고 했을 때, 북부지역과 발트해로부터 다뉴브 언덕에 이르는 독일어권 지역, 다시 말해 독일과 독일동부지역에 위치한 지역—보헤미아, 헝가리, 폴란드—을 의미했는데, 이후 이 지역은 '중동부 유럽'이라고 학계에서 불려졌다. 이들 국가들 이외에 우크라이나는 발트해지역, 스칸디나비아 지역, 스웨덴과 역사상 밀접한 관계를 유지했다. 우크라이나는 이들 유럽권 민족(국가)들과 역사상 교류를 해오면서 영향을 받아 왔으며, 유럽권의 문화는 비록 완벽하게는 아닐 지라도, 우크라이나 정체성의 구성성분이 되었다고 볼 수 있다.

우크라이나의 역사 속에서 '동'은 두 가지 의미를 가지고 있다. 한편으로는 동방 정교의 세계와 비잔틴의 문화 전통을 의미하고 있고, 다른 한편으로는 유라시아의 유목민과 유목문화를 의미하고 있다. 두 개의 다른 의미를 지닌 '동'은 우크라이나의 역사정체성 형성에 완전히 다른 방식으로 영향을 미쳤다. 유라시아의 유목민과 우크라이나 역사와의 관계를 먼저 설명하면, 유라시아의 유목민은 우크라이나의 역사발전에 큰 방해 요소로 작용을 했었다고 볼 수 있다. 탁 트인 스텝지역을 통해 우크라이나는 유목민들의 계속적인 공격을 받으면서, 많은 인명 피해를 입었고 도시의 파괴를 경험하였다. 키예프 공국은 이미 발달된 도시를 가지고 있었는데, 13세기 몽골 · 타타르의 공격으로 도시들이 체계적으로 파괴되어갔고, 상업루트가 단절이 되면서 중세 루시의 번성했던 문명이 쇠퇴하게 되었다. 몽골 · 타타르와의 싸움은 이후의 역사 속에서 타타르가 자치령을 획득할 때까지 계속되었는데, 이러한 긴 싸움 속에서 우크라이나는 한편으로 강력한 방어전선을 구축하면서 강한 민족성을 형성해 갈 수 있었다. 특히 16, 17세기 자치적 군사조직체로 일컬어지는 우크라이나의 코자크는 광활한 스텝지역에서

일리야 레핀의 "터키 술탄에게 편지를 쓰는 자포로줴의 코자크들"(1880-1881)

타타르들을 대적하며 우크라이나의 농민들을 보호하는 역할을 하게 되는데, 결국 코자크는 우크라이나를 대표하는, '자유'와 '민주주의'의 상징적인 인간형으로 받아들여지게 되었다.

기나긴 유라시아 유목민과의 싸움과 영향에도 불구하고 유목문화는 결코 우크라이나인들을 유라시아인으로 만들지는 않았다. 유목문화는 내부적으로 제도화되지 못하고, 우크라이나 민족성의 구성 요소가 되지 못한 채 외부적으로만 영향을 미쳤다. 우크라이나 사회, 문화의 핵심적 요소를 구성하고 민족성 형성에 지대한 영향을 미친 것은 유목문화가 아닌 비잔틴의 종교와 문화적 전통이었다. 비잔틴의 종교, 문화전통의 긍정적 영향에도 불구하고, 우크라이나의 역사학자인 스테판 토마쉬브스키(Stepan Tomashivsky)는 키예프 공국이 동방정교를 받아들인 것은 큰 역사적 실수였다고 언급했다. 이와 같은 관념의 발상은 그리스-비잔틴 문화의 화려함과 정교함에도 불구하고 너무 정적이며, 서유럽권, 라틴 기독교문화가 갖는 역동성과 창조성을 결여했다고 보는데서 시작되었다. 그러나 루드니쯔키(Ivan L. Rudnytsky)와 같은 역사학자들은 키예프 루시는 결코 서유럽의 라틴문화권과 격리되어 있지 않았으며, 정치적으로 문화적으로 영향을 받아 왔었다고 주장하고 있다. 그에 따르면, 키예프 루시의 문화는 동방, 그리스, 비잔틴의 종교와 문화전통에 영향을 받았던 반면, 사회 정치적 시스템에 있어서는 서유럽의 영향을 받았다고 한다. 비잔틴의 정치체계, 다시 말해 비잔틴의 신권정치는 키예프 공국에서는 찾아 볼 수 없으며, 이후 모스크바 공국이 형성이 되어 동방전제주의(oriental despotism)가 확립이 될 때 영향을 미쳤다고 보고 있다.

키예프 공국의 사회체제는 계약관계, 개인의 권리와 존엄성에 대한 엄격한 존중, 귀족과 대중의회에 의한 왕권의 제한, 자치적인 도시의 생활, 연방주의적 특성에 가까운 지방분권주의 등에 의해 특징지워지며, 이 모든 것들은 키예프 정치체제에 독특한 자유주의적 흔적을 부여했고… 이후 시기들의 우크라이나 국가 조직들을 성격지웠다. 13세기에서 14세기 갈리시아-볼린공국(Galicia-Volyn principality)은 봉건적 구조의 사회체계로 발전했고, 봉건적 의회정치제도를 포함한 성숙한 봉건주의는 14세기에서 16세기를 거치면서 리투아니아-루테니안 국가 속에서 발견될 수 있었으며, 17세기와 18세기 코자크의 헤트만국가는 신분체계를 소유하고 있었다(Rudnytsky, *Essays in Modern Ukrainian History*, p.8.).

이와 같이 루드니쯔키는 우크라이나 민족의 특성이 키예프 국가의 시기로부터 기원하며, 14세기 리투아니아와 폴란드의 지배를 받게 되면서 당시 우크라이나 지역은 서구의 영향들에 열려 있게 되고, 17~18세기 완벽한 형태는 아니었지만, 거의 준국가 형태의 모습을 갖춘 코자크들의 헤트만 국가(Hetman State, Hetmanshchyna, 1648~1782)에서는 이미 러시아와 다른 정치-사회의 요소들이 발전되어 갔다고 보고 있다. 이러한 배경 아래, 19세기 우크라이나 지식인들은 서유럽식의 자유주의와 의회주의를 선호했으며, 우크라이나는 러시아 및 다른 슬라브 민족을 결합한 연방 체제 내 민주주의 국가가 되어야 한다고 주장했었다.

U K R A I N E

II. 정치와 종교문화 정체성

자치주의적 정치 정체성

'동'과 '서' 사이에서 형성된 정치적 정체성에 대해 좀 더 알아보기 위해, 여기서는 17세기 이후의 헤트만(코자크의 수장) 체제시기를 좀 더 자세히 다루어보자. 1648년 폴란드에 대항한 코자크 대봉기를 분기점으로 코자크의 군대조직은 준국가형태로 발전하였고 헤트만이 이끄는 이 국가는 지도층으로 코자크 관료그룹뿐만 아니라, 이전 구귀족과 폴란드 통치 시기의 귀족(슈라흐타)들도 포함하고 있었다. 그러나 전쟁과 내분 속에서 1세대 지도층은 전멸하게 되고, 17~18세기 초에 들어서 새로운 엘리트층과 사회계층이 자리를 잡게 되었으며, 18세기 중반에는 러시아와는 다른 사회구조를 형성하였다. 아래의 표는 1760년대 헤트만 국가의 인구구성표로서 18세기 중반의 우크라이나 사회구조를 보여주고 있다.

이 표에서 알 수 있듯이 당시 우크라이나 사회구조의 특징은 농민층 이외에 코자크 신분이 사회의 약 45%를 차지하고 있었다는 점이다. 따라서 이들 신분의 성격을 규명해보면 우크라이나 사회의 성격을 파악할 수 있다.

1648년 코자크의 봉기 이후 수많은 전투 속에서 군사업무를 담당했던 코자크들은 국가로부터 봉급을 지급받기는 하였지만, 자신들의 경제기반인 농지로부터 장기간 자리를 비우게 됨에 따라, 그들의 경제적 조건은 점차 악화되었다. 이로

□■ 1760년대 헤트만 공국의 남성인구 구성표

사회신분	소계	합계
젠트리(관료와 신귀족)		2,400
성직자, 러시아와 외국출신의 귀족, 그밖에 면세혜택을 누리는 사람들		1,100
코자크 a) 사병	176,000	455,000
b) 조수	198,000	
c) 노동자	80,000	
d) 기타	1,000	
도시민		34,000
농민 a) 개인소유지의 농민	465,000	515,000
b) 국가토지 rank lands의 농민	25,000	
c) 기타(하인, 고용인 등)	25,000	
총 계		1,017,000

출처 : Zenon Kohut, *Posiis'kyi tsentralism i ukrains'ka avtonomiia* (Kyiv: Osnovy, 1996), p.46.

인해 17세기말부터 코자크는 법적으로 젠트리들과 대등한 특권을 지녔으나, 경제적으로는 점차 농민의 수준으로 전락하게 되었다.

이러한 배경 속에서, 18세기 초 폴란드시기 귀족들의 후손과 코자크 관료들의 후손, 그리고 공훈을 세운 자들 등으로 형성된 새로운 엘리트층이 자신들의 조직체를 구성하면서 국가의 행정에 영향을 미치게 되었고, 폴란드 통치 시기 귀족들이 누렸던 특권들을 찾기 시작했다. 이로써 1648년 봉기에 의해 농노로부터 해방되었던 농민들은 다시 지주의 농지에 귀속되게 되었고, 농민수준으로 전락한 코자크들과 함께, 전체 인구의 절반 이상을 차지하면서, 우크라이나 사회는 러시아와 유사한 사회구조로 변해가는 듯 보였다.

그러나 이러한 사회구조의 변화에도 불구하고, 우크라이나 사회구조는 여전히 러시아의 그것과는 매우 상이했다. 당시 러시아에서는 약 95% 이상의 인구가 농민에 해당되었지만, 헤트만 국가에서는 위의 표에서 나타났듯이 50%의 인구가 농민과 다른 사회범주에 속해 있었다. 즉 우크라이나에서 농민을 제외한 나머지 사회범주에 속하는 계층 중 코자크는 경제적 지위가 농민으로 전락하였지만, 여전히 엘리트층과 대등한 권리와 자유를 누릴 수 있었는데, 코자크들은 자치권(the right of self-government), 면세권, 토지소유권, 알코올음료 생산권, 상품 무역권 등의 광범위한 권한을 가지고 있었다. 또한 상인과 장인들로 구성된 도시 민중은 그 시대 다른 지역에서 제한된 자치만을 누렸던 상인, 장인층들과 비교하여 상당히 광범위한 권한과 자치를 허용 받았다. 이러한 요소들은 러시아에서는 찾아보기 어려운 우크라이나 사회의 특성이었다.

특히 우크라이나의 농민들은 러시아의 농민과 다른 위치에 있었다. 당시 러시아에서 농민들은 정해진 구획을 벗어나지 못한 채 비참한 생활을 했고, 러시아 제국의 예카쩨리나 2세는 1767년에 "그들의 주인들에 대해 어떠한 불평, 불만도 금지한다"는 칙령까지 발표하였다. 이에 반해 우크라이나의 농민은 자신들의 지주를 바꾸고 더 많은 자유가 허용된 소유지로 이전하거나, 혹은 코자크국가를 벗어나 스텝지역으로 이동하는 행동을 허용 받았다. 따라서 우크라이나의 농민은 여전히 지주의 권력 아래 속박되어 있었지만, 농노가 아닌 반자립 농민으로 존재했던 것이다.

이상에서 볼 때, 우크라이나의 사회구조는 분명히 러시아의 그것과는 매우 달랐다. 당시의 우크라이나 사회구조가 완벽한 신분구조와 법적구조를 확립하지는 못했지만, 유럽사회의 법적, 신분적 특성을 많이 반영하는 체제였다고 볼 수 있다. 특히 당시 러시아인들이 갖지 못했던 '코자크의 권리와 자유,' '농민들의 지위' 등은 우크라이나의 독특한 정치-사회의 특성이었다. 또한 러시아에 대해 지속적으로 자신들의 법적, 사회적, 경제적 지위와 코자크 국가의 자치를 인정할 것을 요구한 엘리트층의 정치적 성향은 1654년 페레야슬라브(Pereyaslav) 협정을 체결할 당시 코자크들이 갖던 전통적인 자치주의의 지속이었으며, 이러한 자치주의는 중앙집권주의의 성격을 갖는 러시아의 정치적 성향과 매우 대조적이었다고 할 수 있다.

'동' 과 '서' 통합의 종교문화와 민족정체성

16세기 우크라이나인들을 지배했던 폴란드는 지속적으로 우크라이나인들의 동화와 종교적 개종을 요구해 왔다. 이와 같은 상황 속에서 정치적, 종교적 권리의 향상을 기대했던 일부 서부 우크라이나 성직자들은 폴란드의 가톨릭과의 연합을 결정하고, 우니아트 교회를 만들게 된다. 1596년 브레스트연합(Union of Brest)으로 알려진 교회연합 이후 우크라이나에서는 정교와 우니아트교(Uniate church)가 각기 다른 지역에서 그 전통을 유지해 나갔다. 우니아트교는 폴란드의 영향력이 강했던 드니프로강 우안, 다시 말해 지금의 서부 우크라이나와 벨라루시 지역에서 보존되었다. 그러나 브레스트 연합을 지지했던 주교들의 기대는 빗나갔으며, 가톨릭교회와 정교교회의 동등한 권리는 실현되지 않았다. 즉 폴란드정부는 교회연합을 통해 우크라이나인들을 폴란드에 동화시키려 했으며, 우니아트교회는 폴란드 이데올로기 전파의 중개자 역할을 수행하도록 이용되었다. 결국 브레스트연합으로 우크라이나의 정치엘리트들은 폴란드화 되어갔으며, 콜름(Cholm)지역에서는 수만 명의 사람들이 폴란드 가톨릭으로 개종하는 등 우크라이나 민족정체성은 커다란 위협을 받게 되었다. 따라서 교회연합 이후 우니아트교회의 내부에서는 폴란드 정부와 가톨릭에 대한 불만의 씨가 싹트게 되었다.

한편 이와 같은 어려운 시기에 우크라이나 사회내부에서는 커다란 변화가 발생하고 있었다. 즉 거의 모든 우크라이나 귀족층이 폴란드화 되어, 폴란드-리투아니아 연합국 내 우크라이나인들의 민족정체성을 유지해나갈 지도층이 부재한 가운데, 민족적 대의를 이어나갈 새로운 지도층, 코자크가 형성되었던 것이다.

특히 드니프로 강줄기에 위치한 '자포로지아' (Zaporozhia)라는 지역에 거점을 둔 코자크 군대가 국가체제로 발전하는 과정 속에서, 코자크의 군사조직이 정교교회의 강력한 지지 세력이 되었다는 사실은 주목할 일이다. 1620년 정교교회는 코자크의 보호 아래 재건설되었고, 코자크 군대는 키예프정교의 지지 세력이었던 브라트스트보(Bratstvo)와 결합하였다. 결국 코자크는 '민족 전통' 의 수호자로서, 그리고 우크라이나 문화부흥의 지지자로서 변모하였으며, 정교는 코자크 국가를 대표하는 민족종교로 발전해갔다.

이상과 같이 브레스트연합 이후 우니아트교는 폴란드의 통치 지역에서, 그리고 정교교회는 새롭게 형성된 코자크의 헤트만 국가에서 서로 분리되어 그 전통을 유지해나갔다. 결국 우니아트교와 정교의 공존은 우크라이나 종교문화의 성격을 이중적으로 만들어가며, 이러한 이중적인 종교문화는 우크라이나인들의 민족정체성을 위협하는 것처럼 보였다.

보호단 흐멜니쯔키의 깃발
(현재 스웨덴 스톡홀름의 Armemuseum에 소장)

그러나 우니아트교와 정교의 분리는 결코 우크라이나 종교문화의 분리를 의미하지는 않았다. 즉 이들 두 교회는 모두 그 기원을 988년 볼로디미르의 기독교 수용에 두고 있었고, 교회연합의 전후 시기 동안은 유사한 사회적 조건들 속에서 영향을 받아왔기 때문에 유사한 종교문화를 공유할 수 있었다.

우니아트교는 라틴 가톨릭의 영향을 받으면서도, 여전히 비잔틴정교의 전례양식을 보존하고 슬라브어를 사용함으로써 정교와 함께 전통적인 종교문화를 공유하였다. 또한 정교는 폴란드-리투아니아 연합국의 통치 시기 자신들의 전통을 유지해 나가면서도, 이미 서방의 정치-경제적 조건들에 충분히 동화되어 갔으며, 라틴 가톨릭의 영향을 받아들이면서 우니아트교회와 함께 서방의 사회문화적 조건들을 공유하게 되었다. 비록 이들 두 교회는 교회연합을 전후하여 대립적인 입장에서 종교 논쟁을 벌여갔지만, 서로 공통의 종교문화를 공유하였던 것이다.

우크라이나 종교문화를 구성했던 동방의 전례는 우크라이나를 라틴 가톨릭의 폴란드와 구분 지웠으며, 또한 서방의 영향들은 당시 동방의 전통만을 고수하던 러시아와도 구분시켰다. 결국 동방과 서방의 영향들을 새롭게 종합하여 형성한 우크라이나의 종교문화는 폴란드, 러시아와 구별되는 우크라이나인들의 독특한 민족정체성이 되어갔다.

서방과 동방의 요소들을 종합한 독특한 종교문화를 공유한 우크라이나의 종교들—정교와 우니아트교—은 17~18세기를 거치면서 차츰 민족종교로 발전할 가능성들을 잉태하고 있었다. 이러한 현상은 당시의 역사적 환경에 의해 조성되었다.

성소피아성당 앞 보흐단 흐멜니쯔키의 조각상

보흐단 흐멜니쯔키의 초상화

1648년 코자크의 봉기 이후 계속되는 우크라이나인들의 자치운동으로, 폴란드는 점차 약화되었고, 우크라이나 지역에서의 주도권을 러시아에 빼앗기면서, 급기야는 3차에 걸친 분할로 독립마저 잃게 되는 비운을 맞게 되었다. 이러한 과정 속에서 오스트리아는 1772년 제1차 폴란드 분할당시 폴란드가 점령하고 있던 우크라이나 지역의 갈리시아를 차지하였는데, 1774년 오스트리아의 여제 마리아 테레사가 우니아트교를 그 지역의 종교로 지정함으로써, 우니아트교는 그 전통을 이어 나가게 되었다. 그런데 이 지역은 폴란드인들과 우크라이나인들이 함께 공존하고 있었으며, 폴란드인들은 항상 우크라이나인들에 대해 행정상의 우위를 차지하면서 이전과 같이 차별적인 대우를 해나갔다. 따라서 우크라이나 사회내부에서는 폴란드인들에 대한 저항의식이 싹터나갔으며, 점차 우니아트교회는 폴란드민족과 가톨릭에 대항한 민족정체성의 보루가 될 가능성들을 가지게 되었다.

코자크의 헤트만 국가에서도 또한 커다란 변화가 발생했는데, 코자크들은 폴란드에 대항한 지지 세력의 확보를 위해 1654년 러시아와 페레야슬라브 협정을 체결하게 되었다. 이 협정의 내용은, 우크라이나가 모스크바 군주를 인정하고 충성하는 대가로, 러시아로부터 우크라이나 주민들의 권리와 자유를 보장받는다는 것이었다. 그러나 실제로 이 협정을 통해 우크라이나의 자치와 정치적 자유는 제한받게 되었으며, 우크라이나가 러시아에게 예속되는 결과를 낳게 되었다.

1654년 페레야슬라브 협정 이후 우크라이나의 정교 교회도 역시 모스크바 공국에 의해 재통합의 위협을 받게 되었다. 1458년 리투아니아에 의해 모스크바 교회의 관할로부터 독립한 우크라이나의 정교교회는 페레야슬라브 협정 이후 재통합의 위험에 처하게 되었다. 즉 러시아는 키예프 대주교를 지칭하던 '키예프, 할리치 그리고 全루시'의 명칭을 '키예프, 할리치 그리고 小루시'로 제한할 것을 요구하였으며, 1685~1686년 새로운 대주교의 선출기간에는 압력과 뇌물을 통해 키예프 대주교구를 콘스탄티노플의 관할로부터 모스크바 총대주교의 관할로 이전할 것을 타협하였다. 결국 1720년대에는 이미 독자적인 우크라이나-백러시아의 정교교회가 존재할 수 없게 되었고, 키예프의 대주교마저 종교회의

(Synod)에 의해 지명되는 운명에 처하게 되었다.

그러나 키예프의 대주교들은 모스크바에 대해 계속해서 이전 대주교들이 가졌던 특권의 회복을 주장하였으며, 우크라이나의 독특한 종교문화와 키예프의 위치를 보존시키려고 노력하였다. 18세기까지 계속되었던 이와 같은 종교문화의 수호노력은 이후 20세기에 우크라이나와 백러시아에서 자치적이며 독립적인 정교교회의 성립을 위한 운동의 모델이 되었다.

결국 공동의 종교문화를 공유했던 정교교회와 우니아트교회는, 서로의 종교적 차이에도 불구하고 러시아, 폴란드와의 대결 속에서 민족정체성의 보루역할을 하게 되었고, 민족정체성의 보존이라는 공동의 목표 아래 민족교회로 발전할 수 있는 기반을 조성해갔다.

이상과 같이 동방과 서방의 영향을 함께 받으며 형성된 우크라이나의 종교문화는 어느 한 쪽에 의해 완전히 동화되지 않은 채 새로운 종합의 종교문화를 이룩하였고, 이러한 종교문화는 19세기 이전 우크라이나의 민족정체성으로 남아 이후 19~20세기에 들어 근대 우크라이나 민족주의 형성의 토대를 제공하였던 것이다.

종합해 보면, 정치적 측면에서뿐만 아니라, 종교-문화적인 측면에서도 우크라이나는 동방 정교권과 서방 라틴권의 영향을 종합해왔다고 볼 수 있다. 1596년에 수립된 우니아트교는 라틴 가톨릭의 권한 아래 있으면서, 여전히 비잔틴 정교의 전례양식을 보존하고 슬라브어를 사용하는 종교로서, '동'과 '서' 종교문화를 공유하고 있다.

17세기 우크라이나 정교회에서도 라틴권의 문화를 도입하는데 특별한 노력을 기울였다. 피터 모힐라(Peter Mohyla) 대주교에 의해 설립된 키예프 아카데미는 17세기 당시 全 동방정교의 세계에서 선도적인 위치를 차지하고 있었는데, 적극적으로 서방대학들의 교육체계와 조직, 커리큘럼을 도입하려 노력했다. 예술적인 측면에서도, 이 시기에 동방의 비잔틴과 서방 라틴권의 요소를 종합한 소위 우크라이나 혹은 코자크 바로크 스타일이 개발되었다. 17세기 말에서 18세기 초에 탄생한 우크라이나의 바로크 스타일은 특히 건축양식에 많은 영향을

1840년대의 모힐라 아카데미(좌측)와 보호야브렌스키 성당(중앙) 전경

미쳤다. 장식이 많은 서양의 바로크 스타일과는 달리, 우크라이나의 바로크는 구성주의적이며, 장식면에서 절제된 표현을 사용하고 형태면에서 단순화 된 것이 특징이다. 결국, 우크라이나는 정치, 종교, 문화의 영역에서 '동'과 '서'의 영향을 종합하여 독특한 정체성을 형성해 왔다고 볼 수 있다. 따라서 우크라이나는 동방 정교 문화권에 속하면서 동시에 서방의 정치-사회체계의 전통도 계승하였다고 볼 수 있다. 이것이 바로 우크라이나가 갖는 역사성, 정체성의 특징이며, 현대 우크라이나를 이해하는데 중요한 요소로 작용을 할 것이다.

III.

U K R A I N E

'동'과 '서' 사이에서의 갈등 : 현대 우크라이나

현대 우크라이나의 정치에서 '동'과 '서'는 변화된 의미를 갖는다. '동'은 동방정교의 문화적, 정치적 전통을 계승한 러시아를 의미하고 '서'는 전통적인 유럽권뿐만 아니라 세계 힘의 주축인 미국을 의미한다고 하겠다. 지난 2004년 12월에 있었던 우크라이나의 대통령 선거에서 각각 '동'과 '서'의 지지를 받는 후보자들이 나와 접전을 벌였고, 우크라이나는 전 국토가 이분화되었다.

냉전 종식 이후 우크라이나는 세계열강들이 자신들의 이해관계를 확대하기 위해 싸우는 장이 되어갔다. 특히 러시아와 미국, 서유럽들은 각자의 이해관계를 관철시키기 위해 서로 다른 정치조직을 지원해 왔다. 미국은 세계정치의 패권을 확보, 유지하기 위해 우크라이나를 러시아의 영향으로부터 벗어나게 하는 정책을 펴왔다. 이를 위해 계속해서 우크라이나를 유럽연합(EU)과 경제체제 및 나토(NATO)에 가입시키려 노력해 왔다. 다른 한편으로 미국은 러시아를 통하지 않고 우크라이나와 카스피해를 잇는 가스 및 원유관을 설치하여 러시아에 경제적인 피해를 주려하고 있다. 21세기 세계경제의 패권은 결국 석유와 가스 공급권을 갖는 나라에게 돌아갈 것이기 때문에, 미국은 원유와 가스 공급의 조절을 통해 우크라이나 및 유럽지역에 러시아가 갖는 영향력을 감소시키려 하고 있다. 실제로 유럽연합은 거의 20%의 석유와 44%의 가스를 러시아로부터 수입하고 있으며, 그중 80%를 우크라이나와 벨라루시를 통해 수입하고 있어, 우크라이나에서 힘의 균형 유지가 유럽의 앞날에 얼마나 중요한 영향을 미칠지 예상이 된다.

따라서 미국과 유럽은 서방에 유리한 정치조직과 인물들을 지지할 필요가 있었고, 유쉬첸코와 티모쉔코가 바로 이러한 서방의 입장을 대변할 인물들 이었다. 반대로 러시아는 우크라이나에서 자신들의 경제적, 정치적 입지를 유지하고 확대해 가기 위해 친러시아적 우크라이나 정치인들을 지지해 왔다.

우크라이나의 입장은 '동'과 '서' 사이에서 항상 쉽지 않은 상태이다. 우크라이나는 러시아와 역사적으로 깊은 연관이 있으며, 실제로 17%의 우크라이나인들이 러시아 출신이고, 50% 이상의 인구가 현재에도 일상생활에서 러시아어를 구사한다. 소련시기에 개발되었던 동부 우크라이나 지역의 산업기관들은 여전히 러시아와 밀접한 관계를 맺고 있으며, 이 관계가 단절될 경우, 경제적으로 큰 타격을 받게 되어있다. 앞에서도 언급했듯이, 유럽으로 수출되는 80%의 러시아 석유와 가스가 우크라이나를 통해 이전되는 만큼, 이를 통한 우크라이나의 경제적 소득도 상당히 큰 편이다. 따라서 우크라이나는 러시아와 결별할 수 없는 관계에 있으며, 러시아를 자극할 경우 우크라이나는 큰 피해를 입을 처지에 있다. 이와 반대로, 러시아에 대한 의존이 클수록 경제

2004년 선거 풍자만화 •1

2005년초 이후 계속되는 러시아의
우크라이나 가스공급 가격인상에 대한 풍자만화 •2

적 자립이 어렵다는 문제도 있다. 세계자본의 유입과 선진적인 민주주의체제의 도입을 위해서는 서방과 밀접한 관계를 유지해야 할 필요성이 있는 것이다. 따라서 우크라이나는 러시아와 서방 사이에서 최대의 국익을 도모하기 위해 어떤 정책을 펴야할지 고민하게 되는 것이다.

오렌지 혁명 이후의 우크라이나

'민주주의'와 '자유'의 상징으로, 세계의 주목을 받았던 우크라이나의 오렌지 혁명이 시간이 지나면서, 여러 가지 다른 평가를 받고 있다. 2005년 9월 유쉬첸코가 혁명세력의 측근이었던 율리아 티모쉔코 총리를 해임하고 내각을 해산시킴으로써 우크라이나의 오렌지 혁명은 위기를 맞게 되었다.

"부정선거와 부정부패에 대항하고, 자유를 위해서"라는 슬로건 아래 연합을 했던 티모쉔코와 유쉬첸코는 국영기업들의 재민영화(reprivatization) 문제에 대해 이견을 보이기 시작하면서 서로 결별하게 되었다. 유쉬첸코는 느슨한 러시아와의 관계 속에서 서방과 밀접한 비즈니스 관계를 유지하고자 하였으며, 이 과정을 매우 신중하고 점전적인 방법으로 진행시키려고 노력하였다. 티모쉔코도 우크라이나가 러시아의 영향력으로부터 벗어나야 한다는 점에는 유쉬첸코와 같은 의견을 가졌으나, 소련 시기 국영기업의 재민영화와 독점재벌에 대한 규제에 있어 훨씬 강력하고 급진적인 정책을 펼 것을 주장하였다.

유쉬첸코와 티모쉔코 사이의 또 다른 문제는 두 사람이 모두 소수과두재벌 혹은 올리가르히와 연계가 되어 있다는 사실이다. 유쉬첸코는 올리가르히의 대변자 혹은 변호자라고 불릴 정도로 소련시기 권력층으로부터 성장한 올리가르히들과 밀접한 관계를 유지하고 있는 반면, 티모쉔코는 그녀 자신이 과거 에너지회사의 운영자이자 재벌로서 새롭게 조성된 시장체제에서 신흥재벌로 성장하기를 원하는 층을 대변하고 있다. 이러한 입장의 차이를 가진 두 사람은 국영기업의 민영화문제를 가지고 충돌하게 되었다. 티모쉔코는 약 20,000개의 이전 국영기업들 중 3,000개를 재민영화 할 것을 주장했지만, 유쉬첸코는 30여 개의 기업만을 정밀 검토하여 재민영화해야 한다고 주장하였다. 모스크바와 밀접한 관계를 갖고 있는 소련시기 국영기업으로부터 성장한 올리가르히들은 티모쉔코의 정책에 반감을 갖게 되었으며, 유쉬첸코는 러시아와 기존 소수과두재벌들을 자극하는 티모쉔코의 정책에 반대하게 되었다.

유쉬첸코와 티모쉔코의 결별에 지대한 영향을 미친 또 다른 요인은 국제정세의 변화로, 우크라이나에 대한 러시아의 영향력 증가와 미국의 영향력 감소를 들 수 있다. 2005년 미국의 부시 행정부는 예상치 못했던 뉴올리안즈(New Orleans)의 재앙과 계속해서 제기되는 이라크와 아프가니스탄의 문제로 권위와 영향력이 저하되었다. 또한 당시 프랑스에서 있었던 유럽연합 건설을 위한 투표에서 우크라이나가 유럽연합에 편입하는 것이 사실상 어렵게 되었다. 세계 에너지 시장의 불확실성으로 인해, 프랑스와 독일이 주축이 된 유럽연합이 러시아와 가까워지려는 정책을 폈다. 더군다나, 2005년 발트 해를 통해 직접 독일과 중부유럽을 관통하는 가스관을 건설한다는 협정문이 러시아와 체결됨으로써 기존 우크라이나의 중요성이 약화되었다. 이와 같은 국제정세의 변화로 인해 러시아와 러시아를 등에 업은 올리가르히들의 위치가 상대적으로 올라갔고, 이로 인해 러시아에 대한 정책을 문제로 유쉬첸코와 티모쉔코 사이에 갈등이 발생하게 되었다.

오렌지 혁명세력의 분열

2005년 이후부터 지금까지 오렌지 혁명을 주도했던 세력들 간의 권력투쟁은 끊이지 않았고, 여당과 야당, 행정부와 의회 사이의 치열한 대결구도와 갈등도 첨예하게 진행되어왔다. 2006년 1월 초 러시아와 우크라이나 사이에 발생한 가스 분쟁과 예하누로프 내각의 해임, 2006년 3월 26일 총선과 새로운 연립정부(유쉬첸코 대통령과 야누코비치 총리의 이원집정체제)의 출범, 2007년 4월 2일 유쉬첸코 대통령의 의회해산, 대통령과 의회 간 정치적 갈등 격화, 2007년 9월

그루지아 트빌리시에 모인 5개국 대통령들

그루지아 사태 이후 친러시아 성향을 보이는 티모쉔코

30일 조기총선 실시, 2007년 12월 티모쉔코의 총리취임, 2008년 9월 3일 유쉬첸코 대통령, 티모쉔코 블럭과의 연정해체 등 정치적 사건들과 갈등들이 연이어 발생하면서 우크라이나의 정치 위기는 계속해서 심화되어갔다.

실제 최근의 정치적 혼란은 러시아의 그루지아 침공으로 시작되었다. 2008년 8월 베이징올림픽이 개최되기 전 주에 모스크바의 지지를 받던 남부 오세티아의 분리주의자들은 주변 그루지아인들과 총격전을 벌이게 되고, 이를 계기로 그루지아와 러시아가 개입하면서 전쟁으로 번지게 되었다. 전쟁이 벌어지자 그루지아를 지지하기 위해 에스토니아, 라트비아, 리투아니아, 폴란드 그리고 우크라이나의 대통령들은 트빌리시(Tbilisi)에 직접 방문하여 그루지아에 대한 강력한 지지를 다짐했고, '민주주의'의 수호를 호소하였다. 그러나 이 사건으로 우크라이나는 그루지아 사건 이후 러시아의 공격대상이 될 것이라는 불안감에 휩싸이게 되었으며, 그루지아 사태에 대해 유쉬첸코와 티모쉔코 간에 이견이 생기면서 또 한 번 오렌지군단의 연정이 깨지고 말았다. 차기 대통령 선거에서 러시아의

그루지아 사태 이후 우크라이나의 상황에 대한 풍자만화 [3]

지지를 얻고자 티모쉔코가 은밀한 정치적 행보를 감행하고 있다고 비판한 유쉬첸코는 연립정부를 붕괴시켰다.

2008년 10월 2일 유쉬첸코는 의회가 그루지아사태에 대해 단일한 의견을 도출하지 않을 경우 의회를 해산할 것이라고 선언했다. 이와 같은 상황에서 국내적으로 티모쉔코는 러시아의 대통령과 회담을 가지며, 독자적인 노선을 펼치는 듯 보였고, 국외적으로 EU는 우크라이나의 유럽연합 가입과 나토 가입에 유보적 입장을 보여 유쉬첸코를 사면초가의 위치에 놓이게 하였다. 그는 결국 스스로 오렌지혁명세력의 연정을 깨면서 우크라이나의 정국을 매우 혼란스럽게 몰아가고 있는 실정이다. 설상가상으로 세계적인 경제위기의 여파로 2008년 10월초 우크라이나는 국제통화기금(IMF)에 지원을 요청하게 되었다. 정치적, 경제적 위기 속에서 우크라이나의 향방은 진단하기 어려워지고 있다.

IV.

U K R A I N E

새로운 융합의 문화를 기대하며…

'동'과 '서' 사이에서 갈등 하고 있는 현대 우크라이나의 국내 및 국제정치를 이해하기 위해서 우크라이나와 '동'과 '서'의 관계를 역사적으로 이해하는 것이 필요하다. 이 글의 초반부에도 언급했듯이, 우크라이나 정치, 문화 정체성의 특성은 바로 우크라이나가 키예프 루시 시기로부터 지속적으로 '동'과 '서'의 사이에서 두 문화를 융합하는 과정을 통해 자신의 독특한 정체성을 만들어 갔다는 것이다. 결국 우크라이나에 있어, 서구 문화 지향적이면서 다른 한편으로 러시아와의 친화적이며, 연방주의적인 관계를 추구하려는 자세는 항상 있어왔다. 우크라이나 전 역사 속에서 형성된 정치, 문화적 성격을 고려할 때, 현대 우크라이나에서 발생하고 있는 '동'과 '서' 사이의 갈등은 결국 우크라이나가 새로운 융합의 문화를 만들고, 대등한 정치관계를 구성하기 위한 필요의 과정으로 보아야 할 것이다. 다만, 두 세력 사이에서 우크라이나가 힘의 균형을 얼마나 잘 유지하느냐에 따라 우크라이나 정치의 안정이 결정 될 것이다. 역사적으로 14~16세기 폴란드와의 불평등 관계를 경험했고, 1654년 러시아와 체결한 페레야슬라브 조약으로 러시아의 지배를 받은 경험이 있는 우크라이나로서는 '동'과 '서' 사이에서 적절한 힘의 균형을 유지하는 것만이 우크라이나가 번성할 수 있는 길이라는 것을 명심해야 한다. 역사적으로 지속된 '동'과 '서' 문화의 긍정적 종합뿐만 아니라, '동'과 '서' 사이에서 독립된 민주주의적 정치체를 형성함으로써 우크라이나가 오렌지 혁명의 결실을 보기를 기대한다.

키예프의 중심인 흐레쉬차틱(khreshchatyk) 거리에 있는 중앙우체국 앞 건물 기둥에는 2004년 오렌지혁명 당시 이곳 독립광장에 모인 사람들의 낙서가 남아있다. 오렌지혁명의 성공을 염원하는 글들과 유쉬첸코의 얼굴이 그려진 것을 볼 수 있다. 지금은 유리로 커버를 씌워 잘 보존되고 있다.

제2장

정치적 풍자와 농담

- 우크라이나 사회문화현상의 메타포

U K R A I N E

U K R A I N E

예술적 의사소통

풍자(satire)와 농담(joke)은 사회과학에서는 다루지 않는 주제로 주로 민속학 분야에서나 논의되는 학문영역으로 이해된다. 민속학의 분야 중에서도 구술전통에 속하는 풍자와 농담은 벤 아모스(Dan Ben-Amos)가 표현했듯이, 사회의 작은 그룹들 내에서 이루어지는 '예술적 의사소통' (artistic communication)의 한 형태로 이해될 수 있다.[4] 여기서 말하는 '예술적' 이란 의사소통의 내용과 형태 및 스타일이 매우 정교하며 기교적이라는 의미를 함축하고 있는데, 대중들 사이에서 회자되는 이들 구술 전통은 실제 생활 속에서 발생하는 사건들에 대한 대중들의 생각과 느낌, 바람을 매우 흥미롭게 혹은 비판적으로 표현하기 위해 행해진다. 따라서 이들 구술 민속(oral folklore)은 단지 의사소통과 대중적 여흥거리의 의미만을 전달하는 것이 아니라, 불안정한 상태에 있는 실제의 사회 체계 및 사회문화 현상을 은유적으로 반영하는 역할을 하기도 한다. 따라서 한 사회에서 회자되는 정치적 풍자와 농담을 분석하는 것은 그 사회가 안고 있는 사회문제를 이해하고, 이에 따른 대중문화의 형성과 변화의 역동성을 감지하는데 중요한 역할을 하는 것이다.

이와 같은 문제의식 속에서 제2장에서는 현대 우크라이나에서 일어났던 정치와 사회적 현상들과 관련하여 발생한 풍자와 농담 등에 초점을 맞추어 우크라이나인들이 사회의 변화를 어떻게 받아들이고 해석하며, 어떻게 자신들의 감정과 의사를 표현하는 가를 설명하였다.

논의에 앞서 정치사회현상과 풍자와 농담 등의 민속 창작 사이의 관계를 우선 살펴보면, 보통 급변하는 혁명적인 상황이나 전환기의 상황에서는 일상적인 상황에서 보다 훨씬 활발한 민속창작이 발생한다.[5] 이는 혁명적, 전환기적 상황으로 인해 대중들의 감정이 동요를 하고 현 상황에 대한 자각이 이루어지면서, 강력한 심리적 반응이 일어나고 이상적 혹은 환상적 사고를 동반하기 때문이라고 설명 된다. 이와 같은 이유에서 혁명과 같은 사건들은 대중들의 일상 커뮤니케이션에서 중심 주제가 되고 많은 풍자와 농담 등이 만들어지게 된다. 우크라이나의 민속학자들과 인류학자들은 1917년 사회주의혁명 이후에 발생했던 내전, 제2차 세계대전, 그리고 1991년 우크라이나의 독립 전후시기에 많은 민속창작의 발생을 목격했고, 최근에 들어서는 오렌지혁명 시기에 가장 활발한 민속창작물들을 수집할 수 있었다.[6]

많은 민속 창작들 중 특히 대중들의 의사소통에 많이 사용되었던 것들은 풍자와 시, 슬로건, 농담, 낙서 등의 구전 민속뿐만 아니라 의상의 장식이나 조각, 공예품 등과 같은 물질문화에서도 이와 같은 현상이 나타났다. 여기서는 많은 정치, 사회현상 중 특히 다음의 두 가지에 초점을 맞추었다. 하나는 지난 2004년 우크라이나에서 발생했던 오렌지혁명이고, 다른 하나는 독립 이후 러시아 및 우크라이나인들의 주요 관심사가 되어 왔던 신러시아인(New Russians) 혹은 신우크라이나인(New Ukrainians), 새로운 부유층, 마피아 등의 출현 및 그들과 관련된 사회적 현상들이다. 본 장에서 우리는 이들 두 사건 혹은 사회현상을 중심으로 생성되고 회자되는 구술 민속(정치적 풍자, 농담, 낙서)에 대해 알아보기로 하자.[8] 이들 민속자료들의 분석을 통해 최근의 정치, 사회 현상들에 대한 대중들의 심리상태와 견해를 분석하고, 대중들 사이에서 이루어지는 문화 생성, 변화, 사멸의 역동적 과정을 논의해 보자.

오렌지색 장식으로 분장한 아이들 [7]

U K R A I N E

정치적 풍자와 농담의 기능

정치적 풍자, 농담, 낙서 등은 민속의 범주에 속한다는 점에서 공통점을 지니나, 실제로 내용과 형식에 있어 서로 조금씩 차이성을 갖고 있다. 풍자(satire)는 구술 민속에 속하지만 실제로 그래픽이나 행위예술 혹은 문자나 그림을 통해 표현되기도 한다. 풍자 속에는 인간 혹은 개인의 악덕과 어리석음 또는 단점들이 부각되며, 풍자 대상의 이와 같은 성격은 조롱, 조소, 빈정댐 혹은 희화 등의 방법으로 비난받게 된다.[9] 풍자는 대체적으로 웃음을 자아내지만, 대상에 대해 강한 반대의 감정을 동반한 공격이 가해지는 경우가 많다. 노트롭(Northrop)이 엘리엇(Elliotte)의 말을 빌어 "풍자에서 조소는 전투적이다"[10]라고 말한 것처럼, 강한 조소와 비꼬는 말, 패러디(parody), 과장, 대상에 대한 비교, 병렬 등은 풍자의 핵심이 된다고 하겠다.

풍자와는 달리 농담(joke)은 어떠한 대상이나 상황에 대한 짧은 얘기나 조소적 묘사로, 그 대상이나 상황을 해학적으로 표현하고 만들려는 의도를 품고 있다. 농담은 크게 세 가지의 형태를 갖는다: 첫째, 고정된 형태의 농담(fixed form jokes). 둘째, 이야기식 농담(narrative jokes). 셋째, 수수께끼 혹은 질문식 농담(riddle jokes).[11] 고정된 형태의 농담은 여러 다른 상황에서 내용만 바꾸어 같은 형식으로 하는 농담이다. 이야기식 농담은 짧은 이야기를 통해 메시지를 전달하는 것으로 대체적으로 대상 혹은 상황을 우습게 만들기 위해 문장의 끝에 '급소'(punch line)를 두는 경우가 많다. 수수께끼 농담은 질문과 답의 형태를 띠고 있는 농담이다.

낙서(graffiti)는 풍자와 농담과는 달리 언어가 아닌 문자로 내용을 전달하는 민속 장르이다. 담벼락이나 물건 등에 글 혹은 그림을 통해 메시지를 전달하게 되는데, 이미 고대시대에서부터 시작된 낙서는 현대에 스프레이 페인트나 마커 등으로 하는 경우가 많으며, 선정적 내용으로부터 정치적 사회적 메시지까지 다양한 내용을 전달한다. 문자를 통한 언어의 표현이지만, 실제로 구술표현도 아니면서 또한 사람 대 사람의 직접적 대화로도 이루어지지 않는다. 낙서는 종종 일정한 스타일을 가진 문체와 그림으로 표현이 됨에 따라 민속예술 혹은 물질문화로 분류되기도 한다.[12] 그러나 여기서는 언어적 메시지의 전달이라는 특성에 주목하여, 낙서를 풍자와 농담과 같은 구전민속에 포함시켜 논의하겠다.

풍자와 농담, 낙서는 내용, 형식, 그리고 의도에 있어 일정정도 차이가 있음에도 불구하고 다음과 같은 점에서 공통성을 갖는다고 하겠다.[13] 첫째, 한 개인의 소유물이 아니라 그룹, 더 나아가 공동체 전체의 소유물이 된다. 다시 말해서 문학작품처럼 어느 특정인에 의해 만들어져 특정인이 소유하는 대상이 아니라, 정확한 저자를 모르는 채 누군가에 의해 만들어져 만인이 즐기고 소유하는 대상이라는 것이다. 둘째, 낙서를 제외하고는 보통 한 사람에서 다른 사람에게로, 한 세대에서 다른 세대로 입에서 입을 통해 전달이 된다는 것이다. 셋째, 구전으로 확산이 되면서 계속적인 내용의 변화가 발생할 수 있다는 것이다. 따라서 비슷하지만 조금씩 서로 다른 내용들이 발생한다는 것이다.

풍자와 농담, 낙서는 이상과 같은 민속의 공통적인 특성을 가지면서도, 현대에 와서 조금씩 변화를 겪기도 한다. 최근 들어 시(poem)나 이야기(story)와 같은 영역의 창작을 어떤 특정인이 하게 되는 경우가 있는데, 비록 작품의 창작자가 명시되더라도 그 작품이 대중들 사이에서 받아들여져 구전으로 변화를 겪으며 전파가 된다면 충분히 민속의 범주에 속한다는 것이다.[14] 또 다른 변화는 최근 들어 풍자와 농담을 포함한 민속의 전수 방법이 오로지 구전만을 통하지 않고 인터넷이나 휴대폰의 문자메시지를 통해 전파되고 있다는 것이다.[15] 우크라이나의 풍자와 농담, 낙서의 내용들도 이와 같이 구전 이외에 인터넷이나 휴대폰을 통해 전파되고 있다.

풍자와 농담, 낙서 등의 민속 창작은 또한 사회적 기능면에서 유사성을 보이고 있다. 이들 민속이 보이는 대상과 사건에 대한 조소 혹은 해학적 표현은 정도의 차이는 있으나 사회현상의 긴장과 불만을 해소하는 역할을 한다는 것이다.[16] 현대 우크라이나에서 행해지는 정치적 풍자와 농담, 낙서들 속에서 우크라이나인들은 권력층, 지배층과 일반 대중들의 위치를 서로 바꾸어 묘사하거나, 상위층들을 인간 몸의 하체부위의 기관들과 연결하여 낮추어 묘사함으로써 심리적 쾌감과 자유 감을 만끽하기도 한다. 이렇듯 일상생활에서는 행할 수 없는 '이탈'과 '전복' 적 기능을 풍자와 농담, 낙서를 통해 수행하고 있는 것이다.

일상적 법칙에서의 '이탈' 혹은 '전복' 에 대해 많은 민속, 인류학자들이 언급한 바 있다. 특히 세시풍속과 통과의례의 설명 속에서 학자들은 인간이 한 국면에서 다른 국면으로 통과하기 위해서는 전이 단계를 거치게 되는데 이 과정에서 일상적인 상태를 부정하는 반구조적 특성이 발생할 수 있다고 언급했다. 예를 들어 빅토르 터너(Victor Turner)는 1967년에 의례의 반구조적(anti-structure) 특성을 설명하면서 일상의 생활로부터 이탈된 전이단계의 국면은 아직 새로운 단계가 아닌 상태이면서, 또한 더 이상 이전의 세계와는 같지 않은 상태라고 설명했다.[17] 이 전이시기에 표현되는 상징(symbol)들은 죽음과 삶의 중간 지점에 있는 상태로 동시에 살아있으면서 또한 죽어있는 것들이라고 언급했다.[18] 이와 같은 불확실성으로 인해 의례의 주체들은 이 시기 동안은 남성과 여성, 부자와 빈자, 지위의 높낮이에 관계없이 동등하게 취급받고 중립적인 위치에 처하며, 일상적인 법과 관습 등의 내에 존재하면서도 이를 일탈할 수 있다고 한다. 결국 터너는 의례의 전이단계를 설명하면서 일상적인 상태에서 벗어난 새로운 상태의 특성을 강조하였고, 이전의 일상적 규범과 법질서가 전복될 수 있는 가능성을 설명하였다. 터너는 전이의 시기 동안에 기존 질서에서 있었던 남성과 여성의 역할과 사회적 지위, 부의 위치가 변화될 수 있다는 가능성을 제시하였다.[19] 기본질서에 대한 일시적 탈출과 전복에 대한 터너의 설명과 유사하게 러시아의 미하일 바흐찐은 프랑수아 라블레의 작품과 중세 및 르네상스의 민중문화에 나오는 축제를 설명하면서, 축제란 삶의 일상적이며 정형화된 틀을 뛰어넘는 일시적인 출구라고 설명하고, 지배적인 기존의 진리들과 현재의 제도로부터 일시적으로 해방된 것처럼, 축제에 참여하는 이들은 기존의 질서 관계, 특권, 규범 등을 일시적으로 파기하고 이를 축하한다고 했다.[20]

통과의례나 세시풍속, 축제 등 인간의 의례행위 속에 존재하는 전이의 단계를 설명하면서 언급했던 일상의 '이탈'과 '전복'은 우크라이나의 현실사회에도 적용을 할 수 있을 것으로 보인다. 다시 말해 체제의 전환을 경험하면서 우크라이나인들은 전이 단계에 위치하고 있다고 볼 수 있다. 우크라이나인들에게 있어 정치적 변동과 사회적 변화는 큰 충격으로 다가올 수 있으며, 이 전이 시기를 통과하면서 현존하는 지배적 제도나 현실에 대해 일시적 출구를 찾게 되는데, 바로 풍자와 농담이 그 출구의 역할을 한다는 것이다. 대중들 사이 정치적 풍자와 농담을 교환하는 순간은 바로 터너가 말한 바와 같이 법과 관습 등의 영향권 밖에 존재하고 일상적인 상태에서 이탈한 새로운 상태의 순간에 있는 것이며, 풍자와 농담을 통해 일시적인 자유와 해방감을 느끼게 되는 것이다. 이들 풍자와 농담 속에서 사람들은 기존의 질서를 뒤 흔들어 사회적 지위와 부의 위치를 뒤바꿔 놓고 정부각료와 정치적 인물들에게 조소를 보내게 된다. 특히 오렌지혁명과 같은 변화의 시기는 대중들에게는 바흐찐이 언급한 축제의 기간과도 같았으며, 일시적인 자유와 평등의 환상을 풍자와 농담, 그리고 여러 가지 행위예술과 문화표현을 통해 나타낸 시기이기도 했다.

전환기 새로운 균형, 새로운 상태의 국면을 위해 이전의 일상적 규범과 법칙을 전복시킨다는 의례와 축제의 특성을 구술민속의 영역에 적용하면서 우크라이나의 정치적 풍자와 농담에 대해 논의해 보자.

III.

U K R A I N E

오렌지혁명에 대한 정치적 풍자와 농담

키예프의 독립광장인 마이단(maidan)은 바로 오렌지혁명의 중심지로서 혁명 당시 많은 사람들이 모여 텐트를 치고 집회를 가졌던 장소이다. 오렌지혁명 기간 마이단에 모인 사람들 사이에서는 정치적 풍자와 농담이 많이 발생했으며, 사람들의 입과 휴대폰을 통해 급속하게 전국적으로 전파되었다. 또한 거리 안쪽 은밀한 곳에 있던 사회비판적인 낙서들은 도로변과 건물에 버젓이 등장하기도 했다. 본 장에서는 마이단에 모였던 유쉬첸코 대통령 후보의 지지자들 사이에 회자되었던 정치적 풍자와 농담 등을 중심으로 논의를 전개하고자 한다. 따라서 여기서 소개되는 풍자와 농담은 당시 대립적 위치에 선 친러시아파이며 동부 우크라이나의 지지 기반을 가진 야누코비치 측의 입장을 대변하고 있지 않다는 것을 우선 밝힌다.

우크라이나의 언어 표현 속에서 자주 접하는 “나의 집은 마을 맨 끝에 있다”(Moia khata skraiu)는 오렌지혁명 기간 사람들 사이에서 “나의 집은 마이단에 있다”(Moia khata na maidani)라고 변형되어 오렌지혁명에 적극 참여하고 있음을 나타내는 표현으로 사용되었다.[22] 이렇듯 오래된 민속의 전통은 사람들에게 표현의 형식을 제공했으며, 그 형식을 빌어 오렌지혁명 당시 새로운 상황의 내용들을 전달했다. 2004년 11~12월 사이에 발생했던 오렌지혁명은 우크라이나인들에게, 특히 마이단에 텐트를 치고 유쉬첸코측을 지지했던 우크라이나인들에게 있어 축제와 같은 성격을 띠었다. 당시 사람들은 구세력으로부터 해방되는

오렌지혁명 당시 호레쉬차틱을 매운 텐트 [21]

자유의 가능성을 직감할 수 있었으며, 잠시나마 완전한 자유, 평등, 행제애의 구현과 같은 일시적 환상 혹은 '축제적 세계관'(carnival worldview)을 경험했던 것이다. 바흐찐에 따르면, 축제의 기간 동안 사람들은 '축제적 세계관'을 통해 오래된 권력은 사멸하고 새로운 세계가 도래한다고 믿게 되고, 이와 같은 믿음을 상징적으로 민속의 텍스트 속에 표현한다고 언급했다.[23] 따라서 축제 문화 속에서 나타나는 상징주의를 이해하는 것은 오렌지혁명과 관련하여 발생했던 많은 거칠고 야만적이며 외설적인 표현들의 의미와 의도를 이해하는 데 주요한 열쇠가 되는 것이다.

오렌지혁명 당시 만들어진 많은 상징들 중에 '계란'이 가장 자주 사용된 상징으로 손꼽힌다. 오렌지혁명 기간 내내 '계란'과 관련된 풍자, 시, 농담, 슬로건 등이 발생했는데, 이는 이바노-프랑키브스키 주에서 있었던 실제 사건을 계기로 생겨나게 되었다.[24] 당시 유쉬첸코 대통령 후보와 대립하던 지역당의 야누코비치는 이바노-프랑키브스키 주를 방문해 대통령 선거운동을 펼칠 계획이었다. 2004년 9월 24일 목적지에 버스로 도착한 야누코비치가 하차하는 순간 군중으로부터 계란 세례를 받게 되었다. 야누코비치는 가슴 부근에 계란을 맞는 순간 고통을 느끼며 쓰러졌으며, 경호원들이 그를 부축하여 승용차에 태우고 인근 병원으로 이송을 하는 일이 발생했다. 당시 쿠츠마정권과 친러시아 지지파들의 소행으로 추정되는 독물 중독[25]으로 유쉬첸코가 고통을 받고 인기가 상대적으로 급성장하게 되자, 이러한 상황을 만회하기위해 야누코비치는 자신도 정치적 피해자라는 것을 보이기 위해서 과장된 행동을 한 것으로 추정되고 있다.

독물에 중독된 유쉬첸코[26]

이 사건을 계기로 대중들 사이에서는 다음과 같은 풍자적 시가 회자되었다:

기네스북이 기다리고 있네
카르파티안의 한 남자 이름을,
그 사람은 증명하고 있네
우크라이나의 계란이 세계에서 가장 강하다는 것을

적들이 외치도록 하세
유럽인들이 부러워하도록 하세
왜냐하면 우리는 계란을 가지고
0.5톤의 바보를 쓰러뜨릴 수 있는 사람들이기 때문에[27]

'계란'을 소재로 한 민속 창작은 풍자적 시 이외에 슬로건과 농담, 심지어는 시각적인 조형물로도 나타났다. '계란'과 관련된 슬로건 중 "계란은 힘이 너무 강해서 죄수를 쓰러뜨릴 수 있다" 혹은 "야누코비치 – 피해라, 왜냐하면 우리가 계란을 가지고 왔다" 등이 회자되었다.[28] 농담 중에는 야누코비치의 이름을 변형시킨 것도 있었는데, 다시 말해 '계란'이라는 우크라이나어 '야이쩨'로 '야누코비치'의 이름을 변형시켜 그를 '야이쩨코비치'로 불렀던 것이다.[29] 대중들의 창작성은 매우 빠르고 폭넓게 발전을 하게 된다. 데모 군중들은 눈이 내린 키예프의 거리에 눈으로 '야누코비치 계란'을 만들어 당시의 사건을 풍자적으로 보여주었다. '계란'에 대한 대중들의 사고는 또 다른 상징성의 개발을 자극하여 '계란'에서 '수탉'(petukh)으로 상상력을 발전시키게 된다. 우크라이나에서 동성연애자(gay)를 의미하는 상징으로 닭이 사용되는데, 이를 빗대어 "유쉬첸코는 친구, 야누코비치는 수탉"이라는 슬로건이 나왔다. '수탉'은 특히 우크라이나의 감옥에서 동성연애의 남성들을 일컫기 위해 사용되는 용어로 야누코비치의 자서전적 정보 속에서 그가 감옥에 투옥되었던 사실들이 알려지면서 이와 같은 낙서나 농담들이 회자 되었다. 야누코비치를 동성연애자로 묘사하는 또 다른 내용의 낙서는 "야누코비치는 동성연애자; 그는 푸틴의 아내가 되었다"[30]인데, 이는 친 푸틴 노선 정책을 갖는 야누코비치를 비난, 조소하는 것이다. 위의 사진은 "푸틴으로부터 야누코비치에게"라고 글이 새겨져 있는 반지를 보여주고 있는데, 사회에서 회자되는 농담들을 반지에 표현한 듯하다.

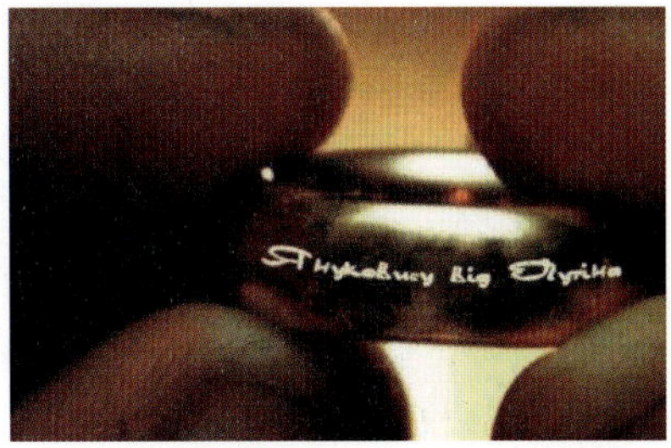

"푸틴으로부터 야누코비치에게"

위에서 설명한 예들은 "계란 세례를 받은 야누코비치의 사건"을 풍자하고 야누코비치를 비하하고 조소하는 내용(sarcasm)을 갖고 있다. 이와 같은 내용들과 텍스트들은 정상적이고 일상적인 상황에서는 표현할 수 없는 것들로 오렌지혁명과 같은 '축제적인 문화'(carnival culture)의 상황에서만 가능한 일이다. 이와 같은 축제적인 문화 컨텍스트에서는 모든 것이 웃음거리가 될 수 있고, 모든 질서가 뒤집힐 수 있는 것이다. 질서의 '일탈'과 '전복'을 두드러지게 드러내는 또 다른 예들은 바로 외설적이며 기괴한 언어표현과 이미지들의 사용이다. 외설적 언

야누코비치 계란 [31]

감옥에 갇힌 야누코비치 [32]

어의 사용은 모든 대상의 가치를 밑바닥까지 추락시킬 수 있는 가장 효과적인 방법 중의 하나인데, 바흐찐은 원시적이고 자극적인 표현으로 공권력으로부터 자유스럽고 모든 사회적 규범으로부터 해방될 수 있다고 언급했다.[33] 외설적이며, 기괴한 표현의 예를 들어 보면,[34]

"민스크와 아스타나를 관통해서 저는 여러분들을 유럽으로 인도할 것입니다. 그러기 위해 먼저 아무도 제 항문을 보지 못하게 바지를 치켜 올리겠습니다."

"우리는 구름 없는 하늘로 비상할 것입니다. 우리는 모든 유럽들이 우리를 경외하게 할 것입니다. 키발로브가 앉아 항문성교를 깊이 하는 동안, 별들은 우리의 무릎 위에 떨어질 것입니다."

"만약 당신이 IU(유슈첸코)에게 투표한다면 살 수 있을 것입니다. 그런데 IA(야누코비치)에게 투표한다면 성교도 하지 못할 것입니다."

이상과 같이 오렌지혁명의 축제적 분위기 속에서 사람들은 외설적이고 기괴한 언어적 표현으로 완벽한 자유감을 향유할 수 있었다고 해석된다.

여기서 우리는 민속 창작들의 사실성에 대해 생각해 봐야 할 것이다. 만약 정치적 풍자와 농담, 낙서들이 실제 사건들을 은유적으로 표현하는 것이라면, 이들 민속 창작들은 '사실성' 혹은 '진실성'을 반영하고, 그것들의 영향을 받아야 하는 것인가? 본(Le Bon)에 따르면, 어떤 사건에 대한 증인이 많을수록, 그것을 전달하는 (민속의 범주에 속하는) 이야기 속에는 진실성이 적어진다.[35] 다시 말해 많은 사람들의 입을 통해 전해지는 민속 창작들은 비논리적일 수 있으며, 사실성을 적게 반영할 수 있다는 것이다. 따라서 이들 이야기들의 기능은 사건의 사실, 진실을 증명하고 재생산 하는 것이 아니라, 오히려 도덕적 가치를 전달하는데 있다고 본다. 정치적 풍자, 농담, 일화 등과 같은 민속 창작들은 문학작품들과 달리 선과 악을 분명히 나누어, 악이라고 생각되는 대상을 조롱하고 비하하게 된다. 따라서 어느 사건과 대상에 대해 대중들의 입장과 감정이 민속 창작을 통해 발생하면, 그 이후에는 사건과 대상의 사실성과 관계없이, 민속 창작 자체의 논리를 가지고 발전하게 되는 것이다. 따라서 위에서 들은 예에서 알 수 있듯이, 야누코비치가 동성연애자가 아님에도 불구하고, 외설적 내용과 언어 등의 극한 표현을 통해 대상과 사건에 대한 강한 부정적 감정들을 표현하고 대상에 대한 조소와 비하로 일시적인 자유를 경험하게 된다. 따라서 정치적 풍자와 농담들은 실제 사건들에 대한 은유적 표현으로서 사건에 대한 사실적 내용의 반영보다는 이에 대한 대중들의 감정과 도덕적 가치의 반영으로 보아야 할 것이다.

IV.

UKRAINE

신흥 부유층에 대한 정치적 풍자와 농담

오렌지 혁명이 2004년 11월과 12월 사이에 발생한 단기간의 사건이었으나, 사건의 심각성으로 많은 민속 창작을 발생시켰다고 언급했었다. 비록 혁명적 기간은 아니었으나, 1991년 이후부터 지금까지 우크라이나를 비롯해 소련으로부터 독립한 신흥 독립 국가들은 사회변화의 과정 속에 있어 왔으며, 통과의례에서 말하는 '전이 단계'를 경험하고 있다고 볼 수 있다. 이와 같은 전이단계 속에서 사람들에게 가장 많이 회자 되는 풍자와 농담의 주제는 바로 새롭게 등장한 '신 러시아인들,' '신 우크라이나인들,' 혹은 '신흥 부자들'일 것이다. 특히 '신 러시아인들'이라는 용어에서 '러시아인들'은 종족적(ethnic) 개념이라기보다는 신흥 부자를 뜻하는 개념으로 '신 우크라이나인들' 혹은 '신흥 부자들'과 같은 의미로 우크라이나에서는 사용되고 있다. 여기서 말하는 '신' 혹은 '신흥'은 소련의 붕괴 이후 새롭게 사회의 지배층으로 등장한 계층을 의미하는 형용사로서 '오래된' 혹은 '구(舊)'를 의미하는, 소련체제 붕괴 이후 경제적 혜택을 받지 못하고 신분상승의 기회를 상실한 대다수의 가난한 계층을 일컫는 형용사의 상대적 개념으로 이해된다. 일반 대중들이 '신 러시아인들(우크라이나인들)'의 용어를 사용할 때, 자신들이 비록 상대적인 경제적 빈곤에 처해있지만, 그들보다 문화적, 정신적 가치를 더 존중하고, 덜 물질적이며 이윤에 덜 민감한 사람들이라고 자신들을 정의하고 있다고 볼 수 있다. 다시 말해 '신 러시아인들(우크라이나인들)'을 소재로 풍자와 농담을 즐기는 사람들은 1991년 이후의 경제적 어려움에도 불구하고, 정치적 사회적 변화 속에서 자신들의 가치와 생활습관들을 굽히지 않고 있다고 생각하는 경우가 많다. 일예로 "무엇이 러시아식 비즈니스입니까?"라는 질문에 대해 "훔친 보드카 한 상자를 거리에서 싸게 팔고, 그 돈을 모두 술로 없애버리는 것이다"[36]라는 질문식 농담이 일반인들 사이에 회자되곤 하는데, 보통 '신흥 부자들'을 도덕적으로 타락한 사람들로 묘사하는 경우가 많다. 또 다른 농담으로 사람들이 어느 신흥 부자에게 어떻게 부자가 되었냐고 묻는 예도 있다:

A : 부자가 되려면 십 년 동안은 비열한 나쁜 놈(bastard)이 되어야 합니다.
B : 그런 다음에는요?
A : 그런 다음에는 계속해서 그런 식으로 사는 것입니다.[37]

'신 러시아인들(우크라이나인들)'은 보통 교육받은 부류의 사람들로서 최고의 기술을 요구하는 직업, 예를 들어 의사, 엔지니어, 과학자, 법률가 등의 직업을 가지고 있으나, 풍자와 농담 속에서 그들은 보통 시골사람, 촌뜨기, 멍청이들로 묘사가 되는 경우가 많으며, 이들 고정형태의 농담들(fixed form jokes)은 소비에트시기 그루지아인, 우크라이나인, 추크치족(시베리아 동북부에 살던 아시아족)들을 소재로 삼아 만들어졌던 '소수민족을 다룬 농담'(ethnic joke)의 형태를 빌어 내용만을 바꾼 경우가 많다.[38] 예를 들어, 다음과 같은 고정형태의 질문식 농담들을 소개할 수 있다:

'신 러시아인' 둘이 서로 대화를 한다 :
A : "너 아니, 결국 내가 매우 똑똑하다는 게 증명이 됐어."
B : "어떻게 그걸 아는데?"
A : "내 어린 아들을 위해 레고 블럭을 사서 조립을 했는데 3일밖에 걸리지 않았어."
B : "그게 뭐 어떻다고?"
A : "박스에 3년에서 5년(from three to five years)이라고 쓰여 있었거든."[39]

농담의 전형적인 형태로서 맨 마지막 행에 급소를 위치시켰다. '3살에서 5살의 어린이를 위한 장남감'이라는 표시를 '3년에서 5년의 조립시간이 필요'하다는 의미로 착각한 아둔한 '신 러시아인'을 묘사하는 농담으로서, 그루지아 혹은 우크라이나인들을 지칭하던 'ethnic joke'에서 유래된 것이다.

아둔한 특성에 매우 사치스러운 점을 가미 시킨 농담들도 존재한다. 대중들 사이에 '신 러시아인들'은 자신들의 아이들을 비싼 사립학교에 보내고 그들의 돈을 비행기 밖에서 뿌리는 사람들로 묘사가 된다. 특히 그들의 사치성과 낭비벽이 농담 속에서 극단적으로 표현이 되면서 '신 러시아인들'에 대한 스테레오타입이 만들어진다. 즉 '신 러시아인들'에 속하는 여성은 모피와 외제 옷을 입고, 남성은 벤츠, 렉서스, 레인지 로버와 같은 차들을 운전하는 아둔한 사람들로 묘사된다:

두 '신 러시아인들'이 거리를 걷고 있었다. 친구 A가 친구 B를 보며 얘기를 한다: "너 참으로 감각이 있구나. 너의 넥타이 디자인이 내 것과 아주 같은데. 네 것은 얼마 주고 샀니?" 친구 B가 매우 자랑하듯이 말했다: "1200달러 주고 샀지." 친구 A는 매우 흡족해 하며 비꼬는 듯 말했다: "너, 참 바보 같구나, 너는 똑 같은 넥타이를 저기 아래 거리에 가면 2000달러에 살 수 있었는데." • 40

'신흥 부유층'들과 마피아의 연계를 기정사실화하는 고정관념이 팽배해 있으며, 이러한 전형적 사고가 농담으로 또한 표현된다:

'신 러시아인' A가 그의 친구 B에게 휴가 장소에 대해 묻고 있었다. 그 친구는 아프리카 사파리 여행이 좋은 생각일 거라고 제안을 했다. A는 "글쎄, 내 생각에는 여행이 별로 편해 보이질 않네. 아마 내가 사파리 여행에 대해서 잘 몰라서 그렇겠지. 사파리에 가면 어떤 것들을 하지?" "먼저 그곳에 가면 새로운 복장을 사고, 새 지프차를 사야겠지. 그런 뒤 주변을 운전하다가 왼쪽 창문 밖을 보고 총을 쏘는 거지, 그런 뒤 또 오른 쪽을 보고 다시 총을 쏘는 거지." A가 다시 대답을 한다: "싫어, 나는 휴가를 가서 좀 쉬고 싶단 말야. 너가 말한 것들은 바로 여기서 내가 하는 일들이란 말야." • 41

신 러시아인들은 부정부패의 상징으로 보통 인식되곤 한다. 이를 반영하는 농담에는 다음과 같은 것이 있다:

A : 당신은 법정에서 거짓 증언을 하면 어떤 일이 생길지 아십니까?
B : 물론이죠, 그럴 경우 나는 새 차를 탈 수 있을 것입니다.[42]

이상과 같이 '신 러시아인(우크라이나인, 부유층)'에 대한 농담들은 종류를 헤아릴 수 없을 정도로 많이 발생하고 있다. 그런데 대부분의 농담들은 소비에트 시기 그루지야인, 우크라이나인, 유태인 등 소수종족그룹들을 묘사하던 ethnic joke에서 형태를 따온 것이 많다. '신 러시아인'에 대한 농담은 다만 대상이 바뀌었을 뿐 대상의 우둔함, 저급한 문화수준, 범죄성, 사치성에 대한 조소와 비판은 예전 ethnic joke과 크게 다를 바가 없는 것으로 해석된다.[43]

그러나 최신의 농담들이 이전 ethnic joke과 차별되는 점들은 조소와 비판의 대상이 타민족이 아닌 자신들 내부의 계층이라는 사실이다. 결국 같은 우크라이나인들 내에 존재하는 그룹에 대한 비판을 이전 ethnic joke의 형태를 빌어 행하고 있는 것이다. 우크라이나인들 내부에 '구'과 '신'그룹이 형성되게 되는데, '신 러시아인'에 속하는 사람들의 특성은 앞에서도 설명했듯이 매우 부정적이다. 그러나 실제적으로 '신 러시아인'에 속하는 사람들은 소비에트 시기에 잘 교육받은 노멘클라투라의 멤버들과 상당한 경영 경험이 있는 전문가들인 것이다. 농담들에서 묘사되는 '신 러시아인들'의 무식성이나 문화의 결여 등은 사실과는 무관한 일인 것이다. 앞에서도 설명했듯이 농담과 풍자는 사회의 실제적 사건과 현상에서 기인을 하되, 실제 사건의 진실성을 증명하는 것을 목적으로 하지 않는다. '신 러시아인들'과 관련된 농담과 이야기들의 기능은 사건의 사실, 진실을 증명하고 재생산 하는 것이 아니라, 오히려 도덕적 가치를 전달하는데 있다고 본다. 자본주의체제의 도입 이후 발생하는 빈부의 격차와 부의 편중, 기회의 불균등에 대한 불만을 '신 러시아인들'에 관한 농담과 풍자를 통해 비판하는 것으로 이해된다. 잘 교육받고 권력과 재물을 가진 상류층 '신 러시아인들'을 우둔하고 멍청한 인간형으로 끌어 내리면서 현실 속의 질서를 전복시키려는 노력이 반영되고 있다. 또한 오렌지혁명과 관련된 풍자와 농담의 예에서와 같이 '신 러시아인들'에 관한 민속 창작에서도 선과 악을 분명히 나누어, 체제변화의 수혜자로 보이는 이들을 악으로 규정하고 이들을 조롱하고 비하하게 된다. 이러한 과정을 통해 '신 러시아인들'의 범주에 속하지 못한 대중들, 특히 동시대에는 절대로 신흥 부유층들을 따라잡지 못할 것이라고 믿는 사람들은 풍자와 농담을 통해 일시적인 자유를 경험하게 되고, 전환기에 발생할 수 있는 심리적이며 물질적인 고통을 경감할 수 있게 되며, 또한 우크라이나 미래가 지향해야 할 도덕적 가치와 희망을 역설적으로 표현한다고 하겠다.

V. 사회문화현상의 메타포

U K R A I N E

우크라이나에서 풍자(satire)와 농담(joke)은 '예술적 의사소통'(artistic communication)의 한 수단으로 전환기 시기 사회변화에 대한 우크라이나 대중들의 견해와 감정을 표현하는 기능을 해왔다. 우크라이나의 정치적 풍자와 농담은 의사소통과 대중적 여흥거리의 의미만을 전달하는 것이 아니라, 불안정한 상태에 있는 실제의 사회 체계 및 사회문화 현상을 은유적으로 반영하는 역할을 했다고 볼 수 있는데, 우리는 여기서 다음과 같은 시사점들을 발견할 수 있다.

첫째, 우크라이나인들은 현재 새로운 단계의 사회로 가기 위한 '전이의 단계'에 위치하고 있다고 볼 수 있다. 전이 단계에 발생하는 특성인 기존 질서로부터의 '일탈'과 '전복'이 우크라이나인들의 정치적 풍자와 농담과 같은 민속의 영역에서 발생하게 되는데, 대중들은 이들 민속의 창작 속에서 기존의 질서를 뒤 흔들어 사회적 지위와 부의 위치를 뒤바꿔 놓고 정부각료와 정치적 인물들에게 조소를 보내게 된다. '신 러시아인들'에 대한 농담 속에서도 대중들은 '신 러시아인들'을 자신들보다도 더 교육을 받지 못하고, 우둔하며, 문화적이지 못한 교양 없는 이들로 묘사함으로써 새로운 부유층들의 사회적, 문화적 지위를 바닥으로 끌어 내리고 있다. 이는 바로 현실의 질서를 뒤엎는 일탈의 과정인 것이다.

둘째, 불안정한 '전이 단계'에 위치한 우크라이나인들은 질서의 '일탈,' '전복'과 같은 행위를 통해 불만을 해소하고, 일시적인 자유를 만끽할 수 있으며, 이를 통해 '전이 단계'에서 가질 수 있는 정신적, 물질적 고충을 감소시킬 수 있

오렌지혁명 시기의 낙서들 – 흐레쉬차틱 거리

을 것이다. 뿐만 아니라 현 사회의 모순과 문제점들에 대해 비판하면서, 본인들이 생각하는 도덕적 가치와 희망을 피력하게 된다.

셋째, 전환기 시대에 대중들은 사회변화를 민속 창작의 문화행위와 결합시키게 된다. 정치적 풍자와 시, 농담, 낙서 등과 같은 형식을 빌어 자신들의 의사와 감정을 예술적으로 표현하면서 의사소통을 하고, 사회의 불의에 대한 대중들의 견해와 도덕적 가치를 피력하게 된다. 문화의 창작 행위는 또한 과거 민속 문화의 형태를 빌어 사용하되 현재의 상황을 반영하는 내용들을 삽입하며, 능동적으로 현대의 의사소통 수단인 컴퓨터, 휴대폰 등의 기기를 적극적으로 활용하여 변화에 대처하게 된다.

이상과 같이 현대 우크라이나 사회에서 회자되는 정치적 풍자와 농담은 대중적 여흥거리 이상의 의미를 갖는 것을 확인할 수 있었다. 불안정한 현대 우크라이나의 정치상태를 은유적으로 표현하는 정치적 풍자와 농담의 연구는 앞으로 더 깊이 지속되어야 할 것이며, 이를 통해 우크라이나 사회가 안고 있는 사회문제와 우크라이나 대중문화의 변화와 대응을 주의 깊게 관찰해야 할 것이다.

2004년 우크라이나 대통령 선거는 3파전의 양상을 보였다. 지역당, 사회주의당, 그리고 우리 우크라이나당의 접전으로 진행된 당시의 대통령 선거는 갖가지 상징으로 가득했다. 왼쪽 구두는 지역당의 대표였던 야누코비치 이름의 첫 자와 우크라이나 깃발색을, 가운데 구두는 사회주의시기 상징인 낫과 망치 그리고 적색을, 마지막 구두는 우리 우크라이나 당의 상징인 말발굽과 'Tak(yes)' 뒤에 붙는 느낌표(!)로 표현했다.

제3장

정치와 상징

U K R A I N E

U K R A I N E

정치적 상징주의

정치적 상징주의는 다양한 상징적 매체—깃발, 사진, 국기, 건물, 동상, 모토, 언어, 구호 등—를 통해 정치적 관점과 주장 등을 전달하는 방식, 원칙, 이론 등을 말한다. 가장 흔한 예로 붉은 깃발은 전통적으로 사회주의자들, 좌익급진주의자들, 그리고 공산주의자들에 의해 주로 사용되어져 왔으며 '노동자의 피'를 의미하는 것으로 이해되어왔다. 또 다른 예로 여러 정치 그룹들은 자신들의 정치 철학과 관계된 정치적 색깔들을 사용해 왔는데, 파란 색, 특히 짙은 파란 색은 보통 보수당과 연관되어 있는 것으로 인식되어 왔다.[44] 이렇듯 정치에 나타난 많은 의사, 의견, 주장들이 상징을 통해 전달되고 이해되어 왔다고 볼 수 있다.

사회주의의 소멸과 함께 소련시기에 사용되던 상징들은 설 자리를 잃게 되었다. 소련의 상징이었던 '망치와 낫과 별'의 문장을 가진 붉은 색 깃발은 사라지고 이를 대신할 많은 상징들이 등장했는데, 우크라이나의 역사, 문학, 자연, 위인 등 우크라이나와 관련된 분야에서 뿐만 아니라, 이전 우크라이나에는 존재하지 않았던 자본주의와 서구 대중문화 등의 다양한 분야에서도 우크라이나를 대표하는 상징들이 만들어지고 있다.

문화의 핵심적인 요소인 기호 혹은 상징은 의사소통의 수단으로서 이를 통해 사람들은 자신들의 특정한 의사와 의미를 전달하게 되며, 결국 자신이 누구인가를 설명하게 되는 것이다. 1991년 소련의 붕괴와 함께 우크라이나는 독자적인 국가를 수립했으며, 새로 성립한 정부와 정치인, 그리고 국민들은 우크라이나란 어떤 나라인가?, 우크라이나인이란 누구인가?, 다시 말해 우크라이나의 국가 및 민족정체성을 수립하고 설명해 가는 과정 속에서 상징들을 사용하게 되었다. 따라서 상징은 의사소통과 의사표현의 과정에서 매우 중요한 역할을 했으며, 국가, 정당, 정치인, 그리고 국민들은 상징을 통해 자신들의 정체성을 설명해 나갔던 것이다.

제3장에서는 상징이 '의사소통의 수단' 으로서 현대 우크라이나 민족, 국가정체성의 내용과 형성 과정을 설명하는 키워드라는 생각아래 우크라이나 정치 전반에서 사용되는 상징들을 설명하고자 한다. 여기서 우리는 국가, 정당, 개인적 차원에서 여성, 종교, 정당, 민족 등 다양한 목소리를 반영하는 상징들을 접하게 될 것이다. 이들 개개의 다양한 상징들은 연관성이 없는 것들의 나열로 보일 수 있으나, 결국 새로운 공동체의 건설, 우크라이나 국가 및 민족정체성의 건설 속에서 발생하는 중요한 구성성분으로 파악해야 할 것이다.

결국 제3장의 목적은 '상징' 을 통해 어떻게 새로운 정치공동체가 우크라이나에서 형성이 되어 가는가를 파악하는데 있다고 하겠다. 새로운 공동체, 다시 말해 새로운 민족, 국가정체성의 형성이라는 이슈가 각각의 차원, 즉 국가, 정당, 개인적 차원에서 어떻게 상징화 되어가고 있는지를 알아보기로 한다. 이러한 논의 과정에서 상징과 정치와의 관계, 상징을 형성, 발전, 변용시키는 우크라이나인들의 문화적 역동성 등도 함께 이해할 수 있게 될 것이다.

정치와 상징의 관계

정치와 상징의 관계를 이해하기 위해서 우선적으로 상징이란 무엇인가에 대해 간략히 언급할 필요가 있다. 그리스어에서 기원한 'symbol'은 '나누어져 있던 것을 함께 붙여 놓은 것' 혹은 좀 더 묘사적으로 표현한다면 '두 친구가 징표로서 어떤 것을 둘로 나누어 가졌을 경우, 두 친구는 동일함을 나타내는 표시를 가진 것'으로 해석된다[45]. 반대로 말하자면, 이와 같이 '동일함'을 의미하는 표시는 이들 둘을 그와 같은 표시를 갖지 않는 타자와 구별하게 하는 역할을 한다는 것이다. 인간들은 태어나면서부터 죽을 때까지 자신을 둘러 싼 자연적, 사회적 환경과 세상을 접하고 이해하면서, 그것을 상징들을 통해 표현하게 되며, 또한 상징들을 통해 자신을 둘러 싼 사람들과 의사소통을 하게 된다. 인간은 그와 같은 의미에서 '상징의 창조자이며 사용자'[46]라고 말할 수 있다.

상징과 기호의 연구인 기호학의 선구자 F. 소시르(Ferdinand de Saussure)는 상징의 설명에 앞서 기호에 대해 언급했는데, 기호는 '기호표현'(the signifier)과 '기호의미'(the signified)의 연합이라고 했다.[47] 여기서 '기호표현'은 음성 혹은 이미지의 형태를 띠며, '기호의미'는 바로 '기호표현'이 갖는 의미를 말하는 것이다. 음성/이미지와 의미 사이의 관계는 자의적이며 임의적인데, '기호표현'은 다른 '기호표현'과의 관련 속에서 의미를 갖게 된다.

'깃발'의 기호는 음성과 이미지로 표현되는 'the signifier'와 개념에 해당하는 'the signified' 사이의 관계로부터 형성이 된다. 이 경우 '깃발'은 대상을 표현하는 언어적 표현과 실제 눈으로 보이는 색상과 질감 등으로 구성이 되어 있고, 이들이 나타내는 의미를 갖는다. 이와 같이 만져질 수 있는 대상 이외에 민족과 정당, 정치조직과 같은 대상은 눈에 보이질 않는 추상적 존재이다. 따라서 이와 같이 보이지 않는 기호들이 개인들에 의해 실제로 있는 대상으로 느껴지게 하기 위해 더 많은 기호와 의미의 층(layer)들이 요구되며, 이를 통해 사람들은 대상에 대한 감정적, 심리적 밀착감을 얻게 되어 실제 있는 것으로 느끼게 된다.

특정한 기호들은 첫째 그 기호가 갖는 의미를 통해, 그리고 둘째 그 기호에 대한 사람들의 심리적, 감정적 귀속, 연계를 통해 공동체내 사람들을 결합시키게 된다. 소시르는 기호의 상징적 내용에 대해서는 언급하지 않았다. 그러나 그는 항상 상징들은 기호를 이해하기 위한 필요 요소라고 말했으며, 상징의 한 가지 특성은 절대로 완전히 자의적이지 않다는 것이다. 소시르가 상징 대신 기호를 설명한 것은 기호가 상징보다 문화를 구성하는 더 작은 단위이기 때문인데, 기호와 상징의 차이는 기호의 구성요소인 '기호표현'(signifier)과 '기호의미'(signified)의 관계가 자의적이고 임의적일 수 있는 반면, 상징과 상징의 의미 사이의 관계는 전혀 자의적이지 않다는 것이다.[48] 상징과 상징의미의 관계는 이미 이를 사용하는 사회의 구성원 간 암묵적 약속을 반영하기 때문이다. 따라서 상징은 사람들의 공동체와 그 사람들이 살고 있는 사회를 이해하기 위해 알아야 하는 필수적인 요소인 것이다.

정치적 상징들은 주로 사회적이며 외적인 기능을 가지고 있다. 다시 말해 개인 혹은 그룹은 정치적 상징을 통해 그 사회 속에서 자신(들)의 역할을 나타내고, 개인 간, 그룹 간 관계에 대한 자신(들)의 정치관, 세계관을 외적으로 표현하는 것이다. 정치적 상징들을 통해 사람들은 하나의 깃발, 색깔, 구호 아래 결합을 하고 특별한 그룹(정치그룹, 정당, 민족, 국가 등)에 소속감을 느끼게 된다. 상징을 공유하는 개인들은 일정한 기호와 상징에 대한 같은 해석을 내리게 되는 인식의 과정(cognitive process)을 겪으면서 관념적으로 한 배를 탄 공동체, 다시 말해 베네딕트 엔더슨이 말했던 '상상의 정치적 공동체'(imagined community) 내에 있다고 믿게 되는 것이다.[49]

여기서는 우크라이나에서 발생하고 있는 정치적 상징주의에 초점을 맞추어 "우크라이나 정치에서는 과연 어떠한 상징성들이 사용되고 있는가?" "어디에서 상징성들이 유래하였으며, 과연 어떤 발전 경로를 거쳐 수용 및 변용하게 되는 것인가?" 그리고 "상징성이 우크라이나의 정치에서 어떠한 의미를 갖고 역할을 하는가?" 등에 대해 논의하기로 하자.

상징은 한 민족의 생성뿐만 아니라, 민족의 하부구조에 속하는 많은 공동체의 생성, 유지를 위해 사용된다. 던컨(H. Dalziel Duncun)은 중요한 상징들을 이용한 의사소통으로 사회는 생성되고 지속되고 있다고 언급했다.[50] 여기서 과연 어떠한 상징들이 현대 국가의 정치에 사용이 되고 있는지 더치(K. W. Deutsh)의 상징구분을 통해 알아보자. 더치(Deutsh)는 상징을 다음과 같은 항목으로 나누었다.[51]

1. 추상적 상징 : 말, 생각, 슬로건, 문학작품, 혹은 노래 등
2. 시각적 상징 : 국기, 동상, 유적, 역사유물, 건물, 동물, 꽃 등
3. 개인적 상징 : 영웅, 왕, 리더, 성인, 예언자, 시인 등
4. 상징적 장소 : 주도, 역사유적지, 민족종교성지, 순례지, 전쟁터, 순교자의 묘지, 화려하고 아름다운 자연경관지 등
5. 상징적 조직 혹은 기구 : 의회, 교회 총회, 정치 정당, 국회, 법정, 대학, 관료 및 군사조직 등

여기서는 더치(Deutsh)가 언급한 상징의 유형에 주목하면서, 과연 현대 우크라이나의 정치에서 어떠한 상징들이 활용되고 있는가를 분석해 보자. 정치현상의 다양성과 복잡성을 고려할 때 연구대상의 범위를 좁혀야 할 필요성이 있다고 본다. 따라서 우리는 정치현상을 국가적 차원에서, 정당적 차원에서 그리고 개인적(인물적) 차원에서 나누어 분석하고, 특히 '자아'와 '타자'와의 관계 속에서 어떠한 유형의 상징들이 선택되고 형성이 되는지에 주의를 기울여 보자. 결론적으로 이와 같은 작업을 통해 결국 우크라이나의 새로운 공동체, 다시 말해 국가와 민족, 다양한 정치 공동체들이 어떻게 형성되어가고 있는가를 파악해 보자.

III.

U K R A I N E

우크라이나 정치 내 상징성의 유형과 활용

국가적 차원: 민족정체성과 상징

1991년 소련의 붕괴로 사회주의가 소멸하자, 이전 소련시기에 사용되던 상징들은 설 자리를 잃게 되었다. 소련의 상징이었던 '망치와 낫 그리고 별' 의 문장을 가진 적색 깃발은 사라지고 이를 대신할 많은 상징들이 만들어져야 했다. 이와 같은 상황에서 우크라이나 정부는 이전 소련 시기의 것과는 구분되는 새로운 정치이념과 비전을 제시해야 했으며, 소비에트 정체성이 아닌 새로운 우크라이나 민족정체성의 형성을 이루어내야 했다. 이러한 시대적 요구에 우크라이나 정부는 과거사의 재평가를 시작해야 했으며, 이 과정에서 그동안 러시아 중심적, 소비에트 중심적 역사관에 의해 우크라이나가 독립된 민족이 아닌 러시아의 일부로 인식되어 왔던 사실을 바로 잡아야했다. 이 과정은 우크라이나 정부가 정치적으로 러시아 정부로부터 독립하여 존재해야 하는 정당성을 증명하는 길이기도 했다.

결국 우크라이나 정부는 러시아 역사의 그늘로부터 벗어나기 위해 '키예프 루시의 정통성을 누가 이어 받았는가?' 에 대한 논의를 시작했으며, 러시아를 '타자' 로 삼아 새로운 역사관을 피력하면서 우크라이나를 키예프 루시의 정당한 계승자로 증명해 나가기 시작했다. 이 과정에서 우크라이나 정부는 선사시기로부터 키예프 루시 이전, 이후로 이어지는 역사 시기 동안의 많은 상징들, 예를

미하일 성당 앞 광장에 위치한 올하 공후의 동상

황금의 문 좌측에 세워진 야로슬라브 공후의 동상

미하일 성당

들어 인물, 건축물, 동상, 깃발, 화폐 등을 활용하여 우크라이나의 역사성을 증명해 나갔다. 아래에 몇 가지 예를 들어 보자.

우크라이나 정부는 그동안 초기 러시아 역사로 인식되던 키예프 루시의 올하(Olha) 공후 동상을 1996년 키예프 한 복판 성 끼릴과 메토디우스 동상 바로 옆에 세웠다. 올하 공후는 키예프 루시 최초의 기독교 수용자로 동슬라브인 중에 최초로 기독교 세례를 받은 인물이었다. 그동안 러시아식 이름인 '올가'로 알려졌으나, 우크라이나의 독립 이후 이 인물은 우크라이나어 이름을 갖게 되었다.

5세기 키예프 도시의 건설을 새롭게 기념하기 위해 만들어진 '키예프의 날' 기념식 때(1997년) 키예프 루스 시기의 현인이었던 야로슬라브 무드리(Yaroslav Mudry) 공후의 동상이 과거 키예프 루스의 관문인 황금문(Zolota Vorota) 바로 옆에 서게 되었다. 또한 우크라이나 정교회 역사의 기념비적 건물인 성미하일 대성당이 1997~1998년에 휘황찬란한 황금 지붕을 뽐내며 재건되었다. 이 성당은 스뱌토폴크 2세에 의해 12세기에 지어졌으나, 13세기 몽골 · 타타르에 의해 부서지게 되었고, 1496년에 다시 재건되었다가, 1935~1936년 스탈린에 의해 파괴되는 비운을 겪었었다.[52] 키예프 중심에 성미하일 성당을 재건한 것은 키예프가 러시아에 지배되지 않는 우크라이나 정교회의 중심이라는 것을 보여주기 위한 것으로 해석 된다.[53] 이처럼 우크라이나정부는 키예프 루시 시기 왕들의 동상과 사원들을 건립, 복원함으로써 우크라이나 민족국가는 유구한 역사를 지니며, 키예프 루시의 계승자라는 것을 말하려 하고 있다.

이러한 정부의 의도를 충족시키기 위해 많은 상징들이 특히 우표에 등장했는데, 우크라이나가 독립한 이후부터 1998년 사이에 출판된 우표를 관찰해 보면, 우표를 통해 우크라이나 정부는 특히 다음의 사실들을 강조하려 했던 것으로 추정 된다. 첫째, 우크라이나는 선사시대로부터 키예프 루시, 갈리시아-볼린 공국, 코자크 시기를 거쳐 현대 우크라이나로 이어지는 유구한 역사를 갖고 있다. 둘째. 이러한 역사 시기 찬란한 엘리트, 종교, 민속 문화를 발전시켰다. 선사시대의 트리필리안(Trypillian) 유적지와 유물들, 키예프 루시, 갈리시아-볼린 공국의 문장 및 유적들, 코자크의 유물들 등. 셋째, 우크라이나는 수많은 역사적

우크라이나 지폐 2 흐리브냐 – 전면 : 야로슬라브 공후, 후면 : 성소피아성당

수난들(독일군의 침략, 대기근, 체르노빌 사건 등)을 극복하며 강인한 민족성을 발전시켰다. 이와 같은 내용들을 우표를 통해 소개함으로써 우크라이나 민족주의 역사관을 대내외적으로 공식화 해갔다.[54]

이와 같은 노력은 우크라이나 화폐에도 나타나는데, 과거 키예프 루시의 화폐단위였던 흐리브냐(hryvnia)를 현 우크라이나의 화폐단위로 사용함으로써 역사의 연속성을 다시 한 번 강조하였다. 또한 화폐나 주화에 키예프 루시 시대의 문장이나 공후들(볼로디미르, 야로슬라브 등)[55]의 모습을 새겨 사용하였다.

우크라이나 정부는 상징성들의 변화를 통해 우크라이나 역사의 연속성과 정

코스토마로브 우표

보흐단 흐멜니쯔키 기념우표

우크라이나 대통령 메달

당성을 확인받으려 했다. 우크라이나와 러시아는 역사의 출발점이 같다는 이유로 항상 누가 키예프 루시의 정당한 후계자인가라는 문제를 가지고 이견을 보여왔다. 정부는 우크라이나가 키예프 루시의 정당한 후계자임을 강조하고, 우크라이나 역사의 연속성을 보여주기 위해 계속해서 키예프 루시 시기 공후들의 모습을 우표, 화폐 등에 삽입해왔던 것이다.

키예프 시기의 공후들 이외에 우크라이나 정부는 우크라이나에 민족주의를 전파했던 많은 역사, 민속학자들을 영웅시 하면서 여러 상황에서 사용하게 된다. 한 예로 우크라이나가 독립을 한 이후 다섯 번째로 발행하게 된 우표(1992년 5월 16일)[56]에서 코스토마로브를 소개하게 되는데, 그는 19세기 중반 '러시아의 두 개의 민족성' (Dve russkie narodnosti)[57]이라는 저술에서 우크라이나인들은 러시아인들과는 다른 민족정체성을 가졌음을 학문적으로 주장했으며, 이후 우크라이나의 민족의식 확산에 지대한 역할을 했다. 독립 직후 코스토마로브의 우표를 발행하게 된 것은 독립의 꿈을 이룩한 우크라이나 정부의 정치적 위상을 보여주기 위한 의도적인 계획으로 해석될 수 있다. 이후에도 우크라이나의 독립을 주장하고 문필활동을 했던 많은 역사적 인물들, 예를 들어 타라스 쉐브첸코, 이반 프랑코, 레사 우크라이나 등의 인물들을 우표를 통해 소개했으며, 도시의 곳곳에 동상을 세워 기념하게 되었다.

또한 독립 이후 소개된 많은 우표들 중 특히 주목할 만한 주제는 코자크였다. 독립 이후 최초로 출판된 우표가 코자크에 관한 것이었으며, 이후 계속해서 코자크의 생활상과 용맹성, 코자크 헤트만[58]의 모습들을 담은 우표들을 발간했다. 코자크 헤트만이었던 보흐단 흐멜니쯔키의 가족 문장은 현재 우크라이나 대통령 메달에 사용되고 있다. 우크라이나 정부는 코자크를 독립한 우크라이나인들의 직접적인 조상으로 간주하며, 현대 우크라이나인들이 지향해야할 인간상으로 강조하고 있다.

정당적 차원: 선거와 상징

우크라이나에서 민주적 정치전통의 수립과 관련하여 오렌지혁명을 중요한 전환점으로 바라보고 있다. 당시 대통령선거를 통해 우크라이나는 크게 두 부류로 나누어지는 현상을 목격하게 되었는데, 즉 야누코비치 대 유쉬첸코, 친러시아파 대 친서방파, 그리고 東 대 西 등으로 구분이 되었다. 이와 같은 양극화는 '자아'와 '타자'의 관계를 분명하게 규정지으며 양측의 입장을 다양한 상징들을 통해 피력할 수 있게 했다.

유쉬첸코를 지지했던 우리 우크라이나당의 역사는 1987년 우크라이나의 자유와 독립을 위해 싸웠던 '자유 운동'(freedom movement)에서 시작되었으며, 독립 이후 주로 우크라이나 서부와 중부의 지지를 받아 좀 더 강력한 당으로 발전할 수 있었다. '우리 우크라이나' 당의 상징색은 노란색과 오렌지색인데, 이 두 색깔은 전통적으로 우크라이나에서 특정한 의미를 가져왔으며, 가족과 공동체의 삶속에 특별한 역할을 하는 것으로 인식되어왔다. 특히 노란색과 오랜지색은 우크라이나의 전 지역에서 거의 사용되는데, 노란색은 '순수, 젊음, 행복, 환영' 등과 같은 의미로, 그리고 오렌지색은 '강인함, 참을성, 영원한 태양' 등의 의미로 사용된다고 한다.[59] 이들 색깔은 가정의 테이블보나 옷의 자수, 부활절 계란, 루슈니키(의례용 수건) 등 여러 곳에 사용된다. 선거 당시 우리 우크라이나 당은 노란색 바탕에 오렌지 나무를 그려 깃발을 만들기도 했다. 노란색은 또한 우크라이나의 대지, 영토, 모국(motherland)을 표시하는 색깔로도 사용되었는데, 우크라

□■ '우리 우크라이나'와 '지역당'의 상징성

	우리 우크라이나	지역당
1	유쉬첸코	야누코비치
2	오렌지색 + 노란색	파란색
3	노란색 국기와 오렌지 나무	앉아 있는 은빛 색 올빼미(Sable)
4	모국(대지)	영토(파란색과 노란색)

이나의 대지는 '우리 우크라이나'의 또 다른 상징으로 농촌인구에 대한 각별한 관심과 배려를 상징적으로 표현하기 위해 사용되었다.[60]

2004년 당시 사용되던 깃발에는 다음과 같은 것들이 있다.[61]

'우리 우크라이나'의 깃발 1

'우리 우크라이나'의 깃발 2

'우리 우크라이나'의 깃발 3 : '깨끗한 우크라이나'

옆에 소개된 깃발 1은 'Yes'를 의미하는 슬로건 'Tak!'(예)을 가운데 쓰고, 당의 공식 모토였던 "나는 믿는다, 나는 안다, 우리는 할 수 있다"의 문구를 왼쪽 위에 배치했다. Tak!의 느낌표 밑에는 말발굽을 그려 놓았는데, '딱'이라는 소리를 연상케 하기 위해 말발굽이 사용될 수도 있지만, 전통적으로 우크라이나의 농업에서 사용되던 말을 상징적으로 표현함으로써 농업국가의 농민들을 보호하는 정책을 필 것을 암시하기도 한다. 깃발의 또 다른 예로 유쉬첸코의 이름이 삽입된 것도 있다: '예스! 유쉬첸코' (깃발 2)

깃발 3은 부정부패척결을 위한 '깨끗한 우크라이나' 운동의 상징으로 우크라이나 국기를 바탕으로 하여 검은색 네모 안에 우크라이나 영토와 '깨끗한 우크라이나'라는 문구를 삽입했다. 검정색은 유명한 우크라이나의 검정색 흑토를 상징하는 것으로 보인다.

지역당의 깃발

유쉬첸코의 '우리 우크라이나' 당에 맞선 야누코비치의 지역당은 2001년 3월에 구성되었으며, 이전 대통령이었던 쿠츠마와 그 정부를 지지했었다. 이 정당의 경제적 기반과 지지 세력들은 대체로 동부와 남동부 우크라이나에 위치했다. 동부 우크라이나 도네츠크 지역에만 700,000명 이상의 당원을 갖고 있는 지역당은 친러시아 정책과 러시아어 사용 정책 등을 강력히 추진해왔다. 이 정당은 전 우크라이나 영토와 푸른 색 깃발을 대표 상징으로 사용하고 있고 있는데, 푸른색은 전통적으로 보수정치세력을 의미하기도 한다.[62]

영국 보수당의 색은 영국의 국기에 나타나 있는 색들, 다시 말해 적색, 흰색, 그리고 파란색이었다. 그러나 노동당이 적색을 자신들의 색으로 가져가자, 보수당인 토리당이 파란색을 당의 색으로 사용하게 되었다.[63] 이후 미국을 제외한 거의 모든 나라에서 푸른색은 보수당의 표시로 받아들여지고 있다. 우크라이나에서도 예외 없이 파란색이 보수적 성향을 가진 야누코비치의 지역당을 대표하게 되었는데, 우크라이나에서 푸른색은 우크라이나 국기의 구성 색으로 푸른 하늘을 상징하기도 한다. 또 다른 상징으로 '은빛색의 앉아 있는 올빼미' (Sable)를 지역당의 상징으로 사용했는데, 이 상징은 우크라이나의 역사에 중요한 의미를 가지며, 특히 용맹스러웠던 코자크의 역사와 위대한 승리를 경험했던 16~17세기의 역사를 상징한다.[64]

이렇듯 양 정당들은 대부분 각자의 정체성을 표현하기 위해 전통적인 색상과 상징들을 사용함으로써 역사적 정통성과 정당성을 표현해 보이려 하였으며, 또한 국민들에게 정서적으로 친근하게 다가서기를 시도했던 것으로 이해된다. 그러나 이들이 스스로를 표현하기 위해 사용한 상징들에서 이들 두 정당의 차이를

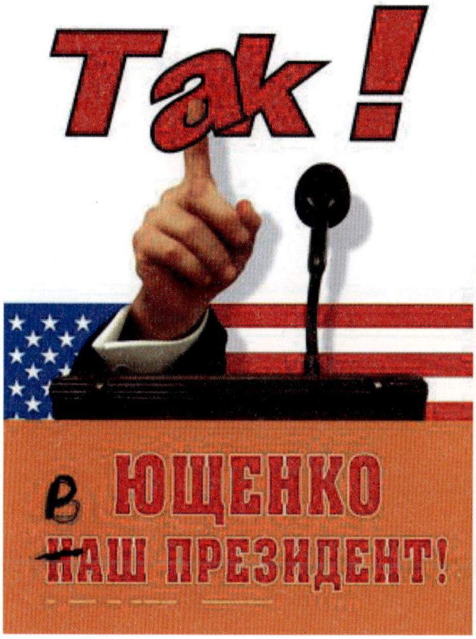

유쉬첸코의 친미성향을 비판하는 '지역당'의 포스터

극명하게 나타내는 것들은 드물었는데, 상대방 혹은 '타자'를 비판하는 다음의 포스터들[65]은 이들 두 정당의 차이점을 잘 보여주고 있다.

위의 좌측 포스터는 '지역당' 측에 의해 만들어 진 것으로 '우리 우크라이나' 당의 슬로건에 나오는 Tak!(yes)을 풍자적으로 보여줌으로써, 유쉬첸코가 미국의 꼭두각시임을 표시하려 했다. 배경에는 미국 성조기를 표시했으며, "유쉬첸코, 우리의 대통령!"을 "유쉬첸코, 당신들의 대통령!"으로 바꾸었다. 결국 이 포스터는 친미, 친서방의 지지를 받던 유쉬첸코측이 주체성과 정당성면에서 문제가 있음을 제시하는 상징적 의미를 담고 있다.

오른쪽의 포스터는 또한 같은 맥락에서 이해될 수 있는데, 특히 가운데 부분의 사진에서 미국의 성조기를 배경으로 하여 유쉬첸코 대신 부시(Bush)의 사진

야누코비치의 지역당을 비판하는 '포라'[66]의 포스터

을 붙여 놓음으로써 극명하게 부시와 유쉬첸코 간의 밀약관계를 표현해 보였다. 구호도 "Tak! za bushchenka"로 바꾸어 "예! 부쉬첸코를 위하여"라고 쓰고 있다.

당시 대통령이면서 부정부패의 상징적 인물로 이해되었던 쿠츠마를 야누코비치의 지역당이 지지를 하고 있었다. 따라서 유쉬첸코 지지 세력측은 이를 집중적으로 공격을 하게 되는데, 위의 포스터는 '쿠츠마주의 – 이것은 나'라는 내용을 전달해 주고 있다. 여기서 '나'에 해당하는 단어 'Ya'는 야누코비치의 이름 첫 글자를 상징하고 있으며, 알파벳 'Ya'에 쓰여진 죄수모자는 범죄자들의 일당으로 보여지는 쿠츠마–야누코비치에 의해 주도되는 비민주적 정치세력을 상징하는 것이다.

이렇듯 '우리 우크라이나'와 '지역당'이 상대방의 정치적 경향에 대해 비판하기 위해 만든 포스터에는 우크라이나어 표현의 변용 및 은유적 표현(예 : bushenko, Ya)을 사용하였으며, '친미'와 '비민주화'를 의미하는 새로운 상징들(예 : 성조기, 부시의 초상, 죄수의 모자)을 사용함으로써 메시지를 전달하고 있다. 이와 같은 상징들의 사용을 통해 2004년 오렌지혁명 당시 우크라이나의 전 국토는 대부분 '우리 우크라이나'와 '지역당'을 지지하는 세력으로 이분화되었으며, 이의 결과는 대통령 선거로 분명히 나타났다. 아래의 지도는 대통령 선거의 결과로서 유쉬첸코와 야누코비치가 승리한 지역을 색으로 대비하였다:

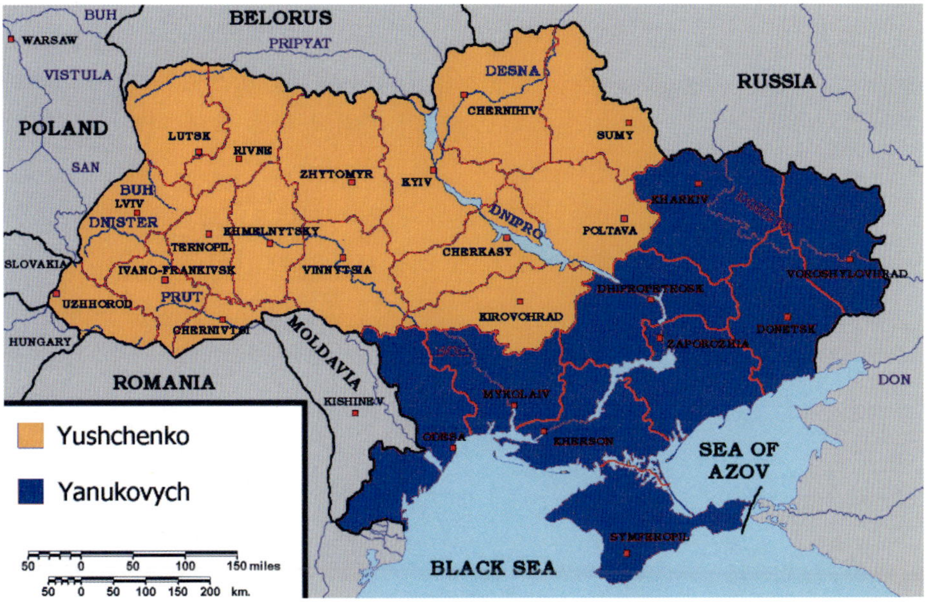

2004년 대통령선거 결과[67]

선거를 통해 표현된 상징의 대비는 결국 상징이 담보하는 의미들의 대비로 볼 수 있으며, 이는 그 의미들을 믿고 지지하는 세력들의 대비로 볼 수 있다. 오렌지색과 청색으로 대비되는 위의 이미지는 바로 베네틱트 엔더슨이 설명한 '상상의 공동체'를 보여주는 상징으로서 오렌지혁명 당시 우크라이나에 존재했던 두 정치적 공동체의 대비를 보여주는 것이다.

개인적 차원: 정치가의 이미지와 상징

정치적 상징주의는 개인적 차원에서도 정치적 목적을 위해 사용되고 있다. 개개의 정치인들은 각종 선거에서 승리하고 정치 목적을 달성하기 위해 개인의 정치적 신념을 소개하고, 이미지를 관리할 필요가 있으며, 이와 같은 과정에서 상징을 통해 자신의 정체성을 대중들에게 각인시켜나가게 된다. 여기서는 우크라이나의 많은 정치인들 중 오렌지 혁명의 주역이면서 또한 세상에서 가장 영향력 있는 여성으로 꼽히는 율리야 티모쉔코의 정치적 활동 속에 나타난 상징의 유형과 역할에 대해 설명하겠다.

율리야 티모쉔코[68]는 1960년 우크라이나 동부 드니프로페트롭스크의 평범한 한 가정에서 외동딸로 태어났다. 일찍 아버지를 여의고 어머니 슬하에서 쉽지 않은 삶을 시작하게 되었으며, 이를 통해 강인한 생활력과 근면함을 배워나갔다. 1979년 이른 나이에 결혼을 하고 일 년 후 딸을 낳게 되지만, 가난의 사슬에서 벗어날 길은 오직 부단한 노력뿐인 것을 깨닫고 최선을 다해 1984년 대학을 졸업하게 된다. 공장에서 엔지니어로 일을 시작한 그녀는 이후 남편과 작은 비즈니스를 직접 운영하게 되었는데, 비즈니스 분야에서의 경험과 그녀의 강인한 성격으로 인해 경제계에서 능력을 인정받기 시작했다. 그녀 남편 가족이 운영하는 비즈니스에서 중요한 인물로 떠올랐으며, 1995년에는 우크라이나에서 가장 영향력 있는 에너지업계인 연합에너지시스템회사(United Energy Systems corporation)의 대표가 되었고, 동시에 당시 총리였던 파블로 라자렌코의 보호와 총애를 받는 인물로 부상하게 되었다. 1997년 우크라이나 의회(Verkhovna Rada) 보궐선거에서 의회 의원으로 선출되었고, 1998년에는 다시 한 번 의회 의원으로 선출되었다. 1999년 그녀는 경제학 박사학위를 끝마치고 같은 해 유쉬첸코 총리 산하 정부의 부총리직을 맡게 되었다. 여기서 멈추지 않고 그녀는 1999년 자신 소유의 정당 '조국' (Bat' kivshchyna)을 건설하고 쿠츠마 통치 시기 야당을 이끌게 되었다. 정부와의 대립적 정책방향으로 티모쉔코는 2001년 42일간의 옥살이도 감수해야 했으며, 이후 그녀는 2001년 정당연합을 통해 티모쉔코 블럭[Bloc of Yulia Tymoshenko(BYuTy)]을 형성했다. 율리야 티모쉔코 블럭은 성공적으로 활동하기 시작했으며, 2002년 의회선거에서 그녀는 세 번째로 의회 의원으로 선출되었다. 티모쉔코는 우크라이나 정치의 중도우파에 속하면서 시장경제의 자유주의원칙을 지지하고 우크라이나 사회의 민주화를 추진하게 되었다.

티모쉔코는 남성 중심의 정치 사회에서 끊임없이 상황에 맞게 자신을 변화시키면서 자신의 정치적 관점과 이미지를 전달해 왔다. 여기서는 옥사나 키스(Oksana Kis)의 연구[69]를 토대로 티모쉔코의 정치적 상징주의에 대해 소개하겠다. 티모쉔코는 다음과 같은 이미지를 전달하기 위해 많은 상징성들을 사용해 왔다:

__ 어머니로서의 이미지

티모쉔코는 의도적으로 계속해서 민족의 어머니로서의 이미지를 강조해 나가고 있다. 티모쉔코는 “나는 나와 같은 목표를 가진 사람들과 함께하고 싶다. 그 목표는 바로 가족이 되는 것이다”라고 말한 바 있다. 그녀는 또한 “나는 정치 영역에서 여성을 자신의 아이들을 지키는 어머니로서 바라보고 있다”[70]라고 말

2002년 신년 포스터

티모쉔코 블럭의 포스터

베레히냐 동상

했다. 티모쉔코는 우크라이나의 기념 축일에 대중들에 대한 메시지에서 '따뜻하게 하다 혹은 따뜻한'의 표현을 즐겨 사용해 왔는데, 예를 들어 "신이시여 당신을 사랑하는 사람들이 당신의 마음을 따뜻하게 하듯이, 그들을 보호 하소서"[71] "나의 따뜻한 인사를 받아 주세요,"[72] "부활절이 우리의 영혼을 은총으로 따뜻하게 덥혀주기를 바랍니다"[73]라고 말했으며, 2002년 신년 포스터에는 "당신의 내년이 따뜻하길 빕니다"(teploho Vam roku!)라고 인사말을 넣었다.

우크라이나 대중들의 대화에서 '따뜻하다'라는 개념은 여성의 몸과 깊숙하게 관련이 되어 있으며, 특히 티모쉔코가 즐겨 사용했던 사랑, 보살핌, 안전, 선, 평화 등과 같은 단어들과 밀접하게 관련을 맺고 있다. 2006년과 2007년 최고의회 의원선거에서 백색 배경에 적색 심장의 상징을 사용한 것도 바로 '헌신적인 모성애'의 의미를 전달하기 위한 것으로 파악된다. 옥사나 키스에 따르면, 당시 오렌지혁명에서 티모쉔코는 우크라이나의 대중들을 부를 때 "나의 친지들이여"라고 하면서 가족의 이미지를 전달하려 했으며, 그녀를 위해 일하는 사람들에게 이름으로 호칭하며 가족적인 분위기를 만들어 갔다.[74]

티모쉔코는 단지 언어적으로뿐만 아니라 시각적으로 동그랗게 머리를 땋아 올려 어머니의 이미지를 전달해왔다. 땋아 올린 머리 형태는 전통적으로 결혼한 성숙한 여인들의 이미지와 관련이 있는 것으로, 특히 가정의 수호신이자 대지모, 따뜻한 어머니상의 대표인 베레히냐(Berehynia)의 이미지를 연상케 한다. 2004년 오렌지혁명이 있었던 우크라이나의 마이단 광장에는 2001년 레닌의 동상을 대신하여 '키예프의 수호자' 라는 이름으로 베레히냐의 동상이 세워지게 되었다. 베레히냐는 우크라이나 작가들에 의해 가장 이상적인 우크라이나의 여인상으로 의인화되기도 했으며, 패미니즘과 민족주의를 의미하는 상징으로 받아들여지고 있다.[75] 따라서 땋아 올린 머리 형태가 갖는 상징적 의미를 이용하여 티모쉔코는 스스로를 친우크라이나주의자로 보이려 했으며, 또한 우크라이나 정치인들 중에서 유일무이한 존재임을 보여주려 했던 것으로 해석된다. 민속적 기원을 가진 이와 같은 머리스타일은 티모쉔코가 일반 대중에게 쉽게 기억되며 친근하게 다가갈 수 있게 하는 상징적 힘을 가졌다고 볼 수 있다.

__ 민족 영웅으로서의 이미지

대중매체들은 항상 티모쉔코의 외모가 보여주는 여성적 아름다움, 사랑스러움 그리고 이에 반대되는 이미지인 끊임없는 에너지와 정치적 야망, 강인한 의지를 대조적으로 함께 보여줘 왔다. 독일의 한 잡지인 Focus는 티모쉔코를 가리켜 'Iron Angel' (무쇠 천사)[76]라고 불렀으며, 우크라이나의 철학자이자 역사가인 바딤 스쿠라티브스키(Vadym Skurativsky)는 "이 슬라브 인물에게는 강인한 슬라브 탱크가 안에 들어있다!"[77]라고 말했다고 한다.

'Mister & Missis Yu in County UA'의 책표지

부드럽고 여성스러운 외모와 강인한 남성적 내면의 특성으로 티모쉔코는 자주 프랑스의 민족영웅 잔다르크(Joan of Arc)와

비교를 받게 된다. 2001년 캐나다의 주간지 Mist는 쟌다르크의 그림에 티모쉔코의 얼굴을 삽입해 다음과 같은 글을 남겼다: "최근들어 캐나다의 언론은 티모쉔코를 '우크라이나의 쟌다르크' 라고 부른다."[78] 또한 우크라이나에서 티모쉔코는 "우크라이나 대표의원들 중 유일한 코자크"라고 불려졌다. 우크라이나에서 발행된 마리아 마티오스(Maria Matios)의 풍자소설 'Mister and Missis Yu in County UA' 의 책표지를 위해 선택된 이미지에는 쟌다르크를 연상케 하는 갑옷을 입고 티모쉔코의 머리 모양을 한 여인이 가운데 서 있고, 모닥불을 가운데 두고 전통 복장을 한 남성들이 전통의 전투 춤인 아르칸을 추는 모습이 그려져 있다.[79] 실제로 티모쉔코는 2005년 르몽드지와의 인터뷰에서 그녀의 개인적 우상을 프랑스의 쟌다르크라고 함으로써 애국주의의 상징으로 남고 싶은 의사를 표명했다.

오렌지혁명 당시 티모쉔코는 데모대의 선두에 서서 대통령 관저로 가는 길을 가로막은 트럭을 기어올라 사람들에게 그녀를 따르라고 한 사건이 있었다. 이 사건이 있은 후 언론들은 그녀의 애국주의적 모습을 Delacroix의 유명한 그림 'Liberty Leading the People' 에 대비시켜 나타내기도 했다.

Delacroix의 "Liberty Leading the People"

오렌지혁명세력들로 얼굴을 바꾼 그림

__ 희생자, 순교자 그리고 충실한 기독교인으로서의 이미지

2002년 의회선거의 캠페인 과정에서 티모쉔코는 감옥에 갇히는 사건이 벌어졌다. 이 사건으로 티모쉔코는 항상 여성스러우며 아름다움을 보여주던 종전의 사진과는 대조적인 피곤하며 아픈 듯한 순교자의 모습으로 "정권의 잔혹성은 나를 더욱 강하게 만든다"[80]라는 문구와 함께 포스터에 등장하게 된다(아래 왼쪽 사진). 또한 율리야 티모쉔코를 죽이려는 고위관료의 음모에 관한 내용의 소설이 등장하게 되는데 '율리야 죽이기'라는 제목으로 다음과 같은 그림을 표지로 내게 되었다.[81]

또 다른 이미지로 종교적 순교자임을 보여주고자 했다. 1998년 우크라이나 정교 교회로부터 성 바바라 대순교자의 훈장을 받게 되는데, 이후 공식적 자리에 그녀는 항상 훈장을 달고 갔으며, 2001년 감옥에 가면서도 가지고 갔다고 한

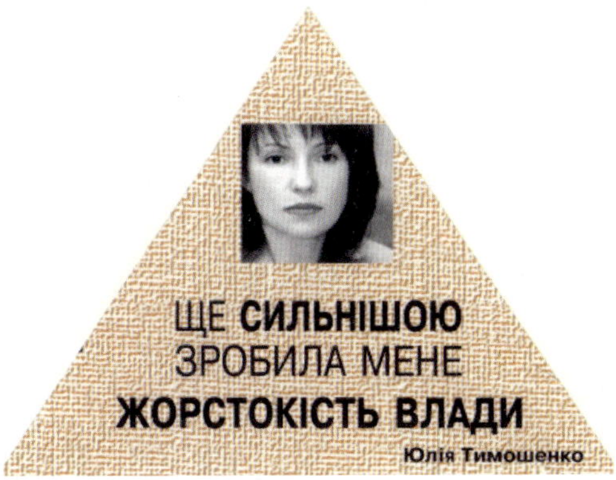

2003년 티모쉔코의 구금당시 만들어졌던 스티커

'율리야 죽이기' 소설의 표지(2006년)

용과 싸우는 성그레고리

성그레고리 성화의 변용 'Sacred Duel'

다. 이와 같은 그녀의 행동은 대중들에게 그녀가 올리가르히 및 악과 싸우는 순교자로서의 이미지를 심어주게 되었고, 한 화가에 의해 용을 무찌르는 성 그레고리의 역할로 살아났다. 위쪽 왼편의 그림은 성그레고리의 모습을 담은 성화이며, 오른 편의 그림은 티모쉔코를 성그레고리의 역으로 대치한 일리야 파뇨크(Illia Panyok)의 'Sacred Duel' 이라는 그림이다.[82]

이 외에도 옥사나 키스는 자신의 연구에서 티모쉔코가 상황에 따라 다른 상징성들을 사용하며 다른 이미지를 전달한다고 설명하고 있다. 포스터, 그림, 신문, 언어 메시지, 인터뷰, 강연 등을 통해 그녀는 자신의 이미지를 자유자재로 바꾸어 왔는데, 다시 말해 순간순간 다른 상징성들을 사용하며, 전통적인 우크라이나 여성의 상, 민족의 어머니상, 민족의 영웅상, 희생자 및 순교자상, 충실한 기독교인상, 패션감각이 뛰어나며 섹시한 여성상, 그리고 비즈니스 우먼상 등을 대중들에게 심어주며 자신의 정치적 전략을 펼쳐나가고 있다는 것이다. 이와 같은 이유에서 그녀는 우크라이나뿐만 아니라 세계에서 가장 영향력 있는 여인으로 불리게 되었으며, 급기야는 2007년 의회선거에서 다시 한 번 승리를 거두게 되었던 것으로 분석된다.

IV.

U K R A I N E

정치적 상징의 역동성 : 생성, 발전, 변용

우크라이나의 정치에서 상징은 다양한 출처에서 만들어지고 있다. 위에서 언급했듯이 오래전의 역사 속에 파묻혀 있던 우크라이나의 상징으로부터 근현대의 주요인물, 심지어 대중문화에서도 상징은 만들어지고 있다. 또한 선택된 상징들은 원래 사용되던 전후 상황과 분리되어 새로운 문맥 속에서 새로운 의미를 갖게 되며, 일정정도 변용의 과정을 거쳐 새롭게 탄생한다. 이와 같이 상징이 선택되게 되는 과정에서부터 변용의 과정은 다음의 우크라이나 화폐 속에서 설명될 수 있다.[83]

현재 우크라이나에서 사용되고 있는 지폐의 단위는 흐르이브냐(гри́вня)이다. 흐르이브냐는 키예프 루스시기에 사용되던 화폐 단위이었으나, 현 우크라이나 정부가 다시 새롭게 독립한 우크라이나의 화폐로 받아들였다. 이와 같은 정

1992년 발행된 쿠폰

1993년 발행된 쿠폰

부 결정의 저의에는 우크라이나의 정치적 정통성과 우크라이나 역사의 연속성을 강조하기 위한 것으로 해석되고 있다. 1991년 소련의 해체와 함께 독립한 우크라이나에서는 쿠폰이라는 화폐가 임시적으로 사용되었다. 약 3년여 간의 쿠폰 사용 이후 우크라이나 정부는 흐르이브냐를 우크라이나의 화폐단위로 받아들이는데, 그동안 우크라이나 정부는 화폐 속의 상징들을 바꿔가며, 특정한 메시지를 전달하려 노력했다. 앞의 사진에 소개된 1992년 쿠폰은 1993년에 발행된 쿠폰과 거의 동일하며, 단지 후자의 왼쪽 부분에 삼지창 모양의 키예프 국가 문장(Trident)이 들어갔다는 점이 다르다. 양 쿠폰에서 보이는 인물들은 바로 키예프 도시의 건설 신화에 나오는 키이 형제들로서 키예프 국가가 건설되기 이전인 5세기의 역사를 대변해 주고 있으며, 1993년 쿠폰에 나타난 문장은 바로 키예프 루시의 역사를 말해주고 있는 것이다. 결국 이 화폐에 두 가지의 다른 상징을 추가적으로 첨가함으로써 정부는 그동안 러시아 역사의 일부로 인정되었던 키예프 도시 건설과 키예프 루시 시기의 역사를 우크라이나 역사라는 메시지를 전달하려 한 것으로 추정된다.

아래 두 화폐 사진에서 좌측은 키예프 루시 역사 중 가장 중요한 부분인 볼로디미르 공후의 기독교 수용을 표현하고 있다. 이 부분의 역사도 지금까지 러시아사의 일부로 이해되어 왔으나, 우크라이나는 정면으로 키예프 루스의 역사가 러시아사가 아닌 우크라이나의 역사 일부임을 보여주고 있다. 오른 쪽에 있는 화폐는 1993년 최초로 발행되게 되는 흐리브냐로서 좌측 화폐와 같이 볼로디미

1993에 발행된 쿠폰

1993년에 발행된 최초의 흐리브냐

영화 '빛의 군대'를 변용시킨 티모쉔코의 포스터

2005년 4월 ELLE 표지 모델로 등장한 티모쉔코

르 공후를 주인공으로 등장시켰다. 그러나 좌측 쿠폰에서는 볼로디미르 공후가 턱수염을 하고 있는 반면, 우측 흐리브냐에서는 코자크의 상징으로 보이는 콧수염을 하고 있는 것을 보게 된다. 같은 역사적 인물에 대한 모습을 변용시키고, 이에 코자크라는 상징성을 부여함으로써 이중적인 메시지를 전달하려는 것으로 해석된다. 즉 키예프 루시 역사의 우크라이나화 그리고 키예프 루시와 코자크 시대와의 연계성을 상징들을 통해 전달하려는 것으로 보인다.

현대 우크라이나 정치에서 사용되는 상징의 가장 큰 특징 중 하나는 대중문화의 영향이다. 대중문화의 요소들을 상징에 사용함으로써 메시지의 전달을 더욱 효과적이며 쉽게 하고 있다. 이와 같은 예로 2006년 최고의회 의원선거에서 티모쉔코는 자신의 포스터를 제작하기 위해 2004년의 블럭버스트 NightWatch에 나오는 장면을 각색하여 어둠을 물리치는 'Army of the Light' (빛의 군대)의 대표로서 등장하게 된다.[84] 손에 검을 쥔 채 검은색 가죽 코트를 입고 등장한 티모쉔코의 등 뒤에는 밝은 빛이 비추고 있으며, 포스터의 하단에는 "어둠에서 나와라, 모든 사람들이여!" 라고 쓰고 있다. 앞에 소개된 사진에서 티모쉔코는 고급상표로 통하는 루이 비통(Louis Vuitoon)의 옷을 입고 엘레(ELLE)라는 대중패션잡지의 표지모델로 선보이고 있다. 강한 정치인의 인상과는 대조적인 섹시한 여성으로서의 이미지로의 변신이 잘 나타난다고 하겠다. 2001년 어느 인터뷰에서 티모쉔코는 미국의 대중적 섹스잡지인 플레이보이(Playboy)와 시사지인 타임지(Time), 우크라이나 여성잡지 '나탈리에' (Natalie) 중 어느 잡지의 표지모델이 되길 원하느냐는 질문에 플레이보이지가 "진정한 여자라면 모두 플레이보이지를 최고로 뽑을 것"[85]이라고 과감히 언급하는 등 자신의 이미지 전달을 위해 대중매체를 적극적으로 활용하고 있다.

티모쉔코의 이미지는 그녀 스스로 만들어지는 것 이외에 대중들이나 여러 부류의 사람들에 의해 만들어지는 것도 존재한다. 2006년 3월 기부금을 마련하기 위한 옥션에서 우크라이나의 예술가 이리나 키리쉬나(Iryna Kirishyna)는 티모쉔코를 모델로 한 바비인형을 만들었다. 바비인형은 현대 대중문화의 전형적인 상징물로서 아이들의 장남감으로 알려져 있다. '율리야' 인형은 옥션가격 중 가장 비싼 미화 70,000불에 팔렸다.[86] 이는 상징적으로 소위 남성들의 오래된 게임인 정치계에서 예쁜 여자 장난감 역할을 할 수 있음을 시사할 수도 있고, 또 다른 편에서 지속적인 대중들의 인기를 얻는 정치가로서 해석될 수도 있는 것이다.

위의 보기에서처럼 상징의 선택과 활용은 그 범위의 제한을 받지 않고 민속문화에서 대중문화, 엘리트문화를 넘나들며 자유롭게 이루어짐을 알 수 있다. 벨레이(Belay)는 정체성의 다섯 가지 특성을 언급한 바 있는데,[87] 그중 일시성(temporality : 특정 역사 시기에 발생하고 시간적 범주에 영향을 받는다)과 지역성(territoriality : 특정 지역의 범주에서 형성된다)의 특성은 상징성에도 적용할 수 있는 특성으로 인식이 된다. 다시 말해 현재 대중들에게 인기 있는 상징으로

티모쉔코 블럭과 우리 우크라이나당의 결합을 나타내는 깃발

러시아 국기에 우크라이나의 상징(Trident)을 삽입한 깃발

받아들여지더라도, 시간의 흐름과 지역에 따라 변화하고, 사라지며, 그런 뒤 또 다시 재생할 수 있다는 것이다. 어제는 대립적 관계였으나 내일은 하나의 이념과 입장을 나타내는 동지의 관계로 변하면서 상징도 함께 변하게 됨을 목격할 수 있을 것이다.

2005년 12월 티모쉔코의 총리직 해임으로 요원해졌던 '티모쉔코 블럭'과 '우리 우크라이나'의 관계가 2007년 의회선거를 통해 다시 재결합함으로써 두 당의 상징성 또한 결합하게 됨을 확인 할 수 있었다(위 왼쪽 사진). 이와 유사한 예로 우크라이나와 러시아의 결합을 요구하는 주장들을 상징으로 표현한 경우도 있었다. 러시아 국기에 키예프 루시 시기의 문장이자 현재 우크라이나를 대표하는 상징인 삼지창모양의 문장을 결합시킴으로써 두 주체, 즉 러시아와 우크라이나의 결합을 상징적으로 보여주고 있으며, 이는 이를 요구하는 그룹의 정치적 목표이자 주장인 것이다. 앞으로 어떠한 상징성들이 우크라이나의 정치에서 어떻게 표현이 될지를 주의 깊게 관찰하는 것은 우크라이나인들의 정치적 요구와 가치체계, 정치그룹이 어떻게 변화, 생성, 사멸해 가는 가를 파악하는 좋은 방법일 것이다.

V.

UKRAINE

상징성 연구의 의미

1991년 우크라이나의 독립 이후 '상징'과 관련하여 발생된 현상들은 다음과 같은 의미를 지닌다고 하겠다: 첫째, 기존 소련의 이데올로기와 사상을 반영하던 상징성들이 사라지고 새로운 시대의 사고와 비전을 제시하는 상징들이 생성되고 있다. 둘째, 우크라이나의 역사, 인물, 자연, 문학, 민속 등 우크라이나의 특성을 담은 고유한 상징의 개발이 촉진되고 있다. 셋째, 그러나 반드시 우크라이나적인 것만이 아닌 서구 문화, 자본주의문화, 대중문화 등 다양한 분야에서 상징은 만들어지고 있다. 넷째, 상징들은 고정된 것이 아니라, 항상 변화, 변용의 과정을 거친다. 비록 우크라이나 전통과 역사에서 비롯된 상징이라도 새롭게 해석되고, 변용되어 새로운 상황에서 다른 의미로 사용되곤 한다. 다섯째, 상징들은 전체 우크라이나 정체성의 변화와 형성을 설명하는 작은 구성 성분이 되고 있다.

서두에서 언급했듯이 '상징'을 통해 어떻게 새로운 정치공동체가 우크라이나에서 형성이 되어 가는가를 파악하는 것이 제3장의 목적이라고 했다. 본 장에서 우리는 국가, 정당, 개인적 차원에서 상징들이 어떻게 형성, 발전, 변용되는가를 파악해 보았다. 우크라이나 정부는 새로운 상징성들을 역사 속에서 발굴, 개발, 변형시켜 우크라이나 정부의 정당성과 역사의 연속성, 문화의 우수성을 선전하는데 사용하게 되었다. 이를 통해 우크라이나 정부는 한편으로 국민들에게 새로운 민족정체성을 부여하고, 다른 한편으로는 이를 세계에 소개하여 우크라이나의 역사성과 정당성을 인정받으려 하고 있다. 정당적 측면에서는 2004년 대통령 선거당시 유쉬첸코당과 야누코비치당의 선거캠페인에 사용되던 상징들을 분석함으로써 국가 내 여러 정치 공동체의 형성, 다양한 견해와 정치적 주장을 지닌 공동체의 형성. 전통적 가치의 반영과 민주주의 및 미래에 대한 다양한 견해 등을 파악할 수 있었다. 개인적 차원에서는 민속적, 종교적 요소들, 대중문화적 요소들을 이용하여 정치적 입지를 강화하는 티모쉔코에 초점을 맞추었는데, 결국 그녀가 사용한 다양한 요소들은 바로 우크라이나 사회에 새롭게 부각되는 가치들로서 이들 요소들의 활용과 종합을 통해 티모쉔코는 완벽한 정치인상을 구현하려 했던 것으로 해석된다.

마지막으로 본 장에서 우리는 상징을 형성, 발전, 변용시키는 우크라이나인들의 문화적 역동성 등도 함께 논의하였다. 다양한 분야에서 선택되고 변용이 된 상징들은 고정된 것이 아니라, 항상 새롭게 변화할 수 있는 개체로 이해해야 할 것이다. 이와 같은 상징들로 구성되는 우크라이나의 민족 및 국가 정체성 또한 단지 과거 것들의 종합, 회복이 아닌 것이다. 과거의 상징들을 가져와 재해석하고 현대 상황에 맞게 변용을 시키며, 새롭게 만들어 나가는 과정 속에서 우크라이나의 정체성도 함께 변화하는 것이다. 또한 우크라이나인들은 과거에는 익숙지 않았던 대중문화라던가 새로운 매체를 이용해서 새로운 의미들을 전달하려 하고 있다. 결국 우크라이나의 국가, 민족 정체성은 고정된 것이 아니라, 계속해서 변화해 가고 있는 것으로 파악할 수 있는 것이다.

우크라이나 국가와 민족 공동체 내에는 수많은 정치공동체들이 존재한다. 이와 같은 정치 공동체들은 정치 활동 속에서 서로의 견해들을 피력하며 계속해서 형성, 해체, 다시 병합되는 양상을 보이고 있으며, 이는 결국 국가, 민족 공동체의 변화도 함께 보여주는 것이다. 우크라이나 국가와 사회 내의 다양한 의사, 견해의 발생들은 상징을 통해 표현이 되며, 이는 바로 정체성의 표현, 형성과정을 의미하게 되는 것이다. 결국 상징의 연구를 통해 우리는 우크라이나의 정체성 변화도 함께 읽을 수 있게 되는 것이며, 여기에 상징성 연구의 의미가 있다고 하겠다.

2008년 7월 19일 우크라이나의 미하일 성당 앞에서는 키예프 주교구관할 우크라이나 정교회가 중심이 되어 키예프 루시 기독교 수용 1020주년 행사를 거행했다. 현재 이들 정교회와 우크라이나 자치정교회는 모스크바로부터 완전히 독립한 우크라이나 정교회의 건립을 꿈꾸고 있다.

제4장

축일과 기념일

- 국가건설의 측면에서

U K R A I N E

U K R A I N E

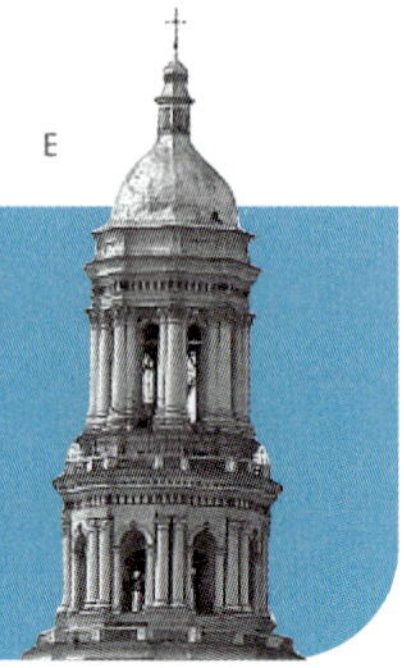

축일과 기념일의 중요성

축일과 기념일은 의례[88]문화의 대표적 예로서 개인과 사회에 특별히 기념이 되는 날, 사건, 인물, 기억들을 기념, 축하, 혹은 애도하는 날이다. 이들이 갖는 기능과 의미의 유사성에도 불구하고 이들을 지칭하는 용어는 다양하며, 영어로는 holidays, memorial days, commemoration days 혹은 festivals 등으로 표현된다. 이들 행사들은 조금씩 차이는 있으나, 행사의 주체에 따라 개인, 그룹 그리고 국가적 행사로 구분이 되고, 유형에 따라 국가공휴일, 가족 및 사회기념일, 종교축일, 민속축일 등으로 구분이 된다.

상기한 기념일들은 보통 축제(festival)의 성격을 갖고 있는데, 축제는 시간과 공간적으로 계획 및 기획되는 문화적 퍼포먼스(performance)로서, 고도로 표현된 예술 행사이다.[89] 특히 국가와 사회적 규모로 준비되는 축일과 축제는 문화의 소통 체계를 관찰할 수 있는 기회를 제공하는데, 보통 복잡하면서도 다양한 공연들로 구성되어 있다. 축일과 축제에는 거대한 규모로 사회 단위들이 참여를 하지만, 또한 그 안에서는 작은 규모로 발생하는 그룹들 사이의 커뮤니케이션, 사람들 간의 직접적인 접촉들도 만들어진다. 스토엘티에(Beverly J. Stoeltje)에 따르면, 정기적으로 매년 진행되는 축일, 축제는 공적인 성격을 지니며, 구조적으로 매우 복잡하고, 다양한 의미와 목적을 지닌다고 한다. 또한 축일과 축제는 집단적인 현상이며, 공동체적 삶에 바탕을 둔 목표를 달성하도록 되어 있다고 한다.

축일과 축제, 기념일은 주로 민속학, 인류학, 사회학 분야에서 다음과 같은 특성에 주목을 받아왔다:

첫째, 축일과 기념일은 그들이 갖는 통과 의례적 기능에 주목을 받아 왔다. 매년 정기적으로 치러지는 축일과 기념일을 통해 개인과 사회는 일상생활의 단조로움으로부터 분리(separation)되어 새로운 단계로 전이(transition)되고, 결국 통합(incorporation)의 과정을 겪으면서 발전된 삶의 단계로 진입하게 된다. 반 겐납(Van Gennep)의 '통과의례'(rites of passage) 이론을 적용, 발전시켜 축일과 기념일의 의례로 표현되는 인간 삶의 분리, 전이, 통합의 발전과정을 연구한다.[90]

둘째, 축일과 기념일을 정체성 표현의 장(場), 그리고 인간 행위의 역동적 과정으로 보아, 이들 기념일을 통해 개인, 그룹, 민족, 국가가 어떻게 자신들의 정체성을 표현하는가, 그리고 어떠한 이유에서 특정한 상징과 행동패턴을 만들어내는가에 주목한다.[91] 축일과 기념일은 다양한 문화적 요소가 결합한 총체적인 문화표현의 장으로, 이에 참여하는 개인, 사회, 민족들의 문화 패턴과 세계관이 의례와 수많은 상징들을 통해 표출되며, 음악, 음식, 의복, 공연 등 다양한 문화 요소들이 소개된다. 축일과 기념일을 통해 표현되는 모든 것들은 바로 행사에 참여한 개인, 그룹, 민족이 누구인가, 다시 말해 그들의 정체성이 무엇인가에 대해 말해준다고 하겠다.

셋째, 축일과 기념일을 통해 국가가 통치 이념을 국민들에게 전달하는 방식에 주목할 필요가 있다. 국가는 통치 수단으로 국민들의 사고를 특정한 방향으로 유도할 필요성을 느끼게 되는데, 이때 축일과 기념일은 이와 같은 국가의 의도를 충족시키기 위한 수단으로 사용될 수 있다는 것이다. 이와 같은 예는 이미 인류의 역사 속에서 수없이 많이 존재해 왔는데, 특히 기독교가 서유럽 국가들의 굳건한 종교로 자리 잡으면서 이전 민속신앙의 관습과 축일들을 대치해 나갔던 것이 그 대표적 예일 것이다. 볼쉐비키 혁명 이래 소련은 기존의 정교축일과 관습을 없애려 노력했으며, 소련의 붕괴 이후에 신정부는 반대로 소련의 관습과 축일을 사멸시키고 다른 새로운 의례로 대치시키려는 시도를 감행했다.

제4장에서는 축일과 기념일에 대해 상기한 세 가지 연구주제 중 특히 세 번째의 것에 주목하여, 우크라이나에서 행해지고 있는 축일과 기념일을 국가건설의 측면에서 설명하고자 한다. 축일 및 기념일과 같은 의례가 갖는 사회적 기능, 특히 사회 구성원의 단합을 유도하는 기능에 주목한 연구는 이미 1912년 두르하이미안(Emil Durkheimian)에 의해 수행된 바 있다. 그는 *The Elementary Forms of the Religious Life*(1912)에서 사람들은 사회 속에서 상호 간 관계의 패턴을 의례(rituals)를 통해서 스스로 나타낸다고 언급했다.[92] 그에 따르면, 의례에 있어 중요한 단위는 행위(action)인데, 그것은 바로 행위가 믿음(belief)을 발생시키기 때문이라는 것이다. 그는 의례의 주요한 인식론적 역할에 대해 주목하면서, 의례에서 사람들은 감정과 행위의 표현을 통해 특정한 생각 혹은 메시지들을 서로 교환하고 공동체를 형성해 간다고 주장했다. 크리스텔 레인(Christel Lane)은 '의례 속의 행위 역할'을 언급한 두르하이미안의 연구를 더욱 발전시켜 *The Rites of Rulers: Ritual in Industrial Society*(1981)에서 통치자들은 의도적으로 의례의 행위를 변화시키면서 정부가 의도하는 통치이념이나 방향을 국민들에게 전달하려한다는 사실을 증명하려 했다.[93] 그는 소련에서 행해졌던 축일과 기념일, 통과의례 등을 연구하면서 어떻게 소련정부가 기념일들을 사회주의의 이념 전파를 위한 도구로 사용했는가를 보여주었다.

여기서는 축일과 기념일에 대한 상기 연구자들의 관점을 참고하여, 현대 우크라이나에서 축일과 기념일들이 어떻게 변화해 왔으며, 현 우크라이나 정부가 의례를 통해 어떠한 메시지를 국민들에게 전달하려하며, 어떤 사회적 기능을 부여하려 하고 있는지를 알아보려 한다.

II. UKRAINE

우크라이나 축일과 기념일의 변화양상

소련의 붕괴 이후 우크라이나에서는 많은 변화가 발생했다. 특히 1991년 이후 우크라이나 정부는 국가의 공식 축일과 가족 및 사회의 기념일들에서 기존의 사회주의적 색채를 없애고 새로운 모습으로 만들기 위해 많은 노력을 기울였다. 축일과 기념일의 변화는 주로 정부의 주도로 이루어지게 되는데, 독립 이후 우크라이나에서 발생한 축일과 기념일의 변화를 관찰하면 우크라이나 정부가 시도하는 과거사에 대한 재평가와 새로운 기념의례 및 관습의 소개 의도를 파악할 수 있게 된다. 실제로 우크라이나 정부는 축일과 기념일 문화의 변화를 유도하면서 시민들의 역사관과 일상적 삶을 적극적으로 변화시키려 하고 있다. 이와 같은 현상은 1991년부터 지금에 이르기까지 사멸되거나 새롭게 형성된 우크라이나 축일과 기념일들의 분석을 통해 알 수 있을 것이다.

아래의 표는 독립 이후 기념되고 있는 공식 축일(공휴일)과 가족 및 사회 기념일을 소개한 것으로 독립 이전에서부터 존재해 왔던 기념일들과 새롭게 생성된 독립일들이 현재 함께 공존하고 있음을 보여주고 있다.

우크라이나의 독립 이후 발생한 축일과 기념일의 변화는 크게 세 가지로 설명될 수 있다. 첫째, 소연방 시기에 중요시 되었던 몇몇 축일과 기념일은 생명력을 다하고 새로운 행사로 대치되는 반면, 일부는 여전히 공존하면서 변화를 경험하게 된다. 둘째, 기존에 존재하지 않았던 새로운 축일과 기념일들이 소개되고 있다. 셋째, 독립 이전에는 활성화되지 못했던 종교 및 민속 기념일들이 부활

□■ 현재의 우크라이나 공휴일과 기념일

월	공식 축일 (public holidays)[94]	대표적 가족 및 사회 기념일[95]
1	새해(1일) 정교 성탄일(7일)	구력 새해(14일) 우크라이나 연합의 날/Den Sobornosti (22일)[96] 학생의 날 혹은 "Tatyana's Day"
2		남성의 날(전신-The Soviet Army Day)(23일)
3	여성의 날(8일)	쉐브첸코 탄생기념일(8일)
4/5	정교회 부활절	만우절(4월1일) 체르노빌 사건 기념일(26일)
5	노동절(1-2일) 전승기념일(9일)	어머니의 날(13일) 유럽의 날(5월의 3째 주말) 키예프의 날(5월의 마지막 일요일)
6	정교 오순절(15일) 제헌절(28일)	전쟁희생자에 대한 애도 및 기념일(22일) 졸업의 날(6월 마지막 금요일)
7		이반 쿠팔라의 날(6-7일)
8	독립기념일(24일)	해군의 날(1일)
9		지식의 날/개교일(1일) 바빈 야르(Babyn Iar) 희생자 추모일 (27일)
10		코자크의 날(14일) (나찌로부터의) 우크라이나 해방 기념일(27일)
11		오렌지혁명 기념일 (22일) 대기근 희생자 추모일 (11월의 4째 토요일)
12		성 니콜라스의 날(19일)

하기 시작했다.

新舊의 교체와 공존

소비에트시기에 가장 중요한 국경일의 하나였던 10월 혁명 기념일은 2000년 이후 더 이상 국가적 기념의 대상이 될 수 없게 되었다.[97] 일부 공산당원들과 사회주의 지지자들만이 비공식적으로 붉은 깃발을 들고 행진을 하게 되었는데, 간혹 불법적, 무력적 데모를 염려하여 행사에서 감시의 대상이 되고 있다.

2006년 볼쉐비키 혁명기념 행진(키예프)

볼쉐비키 혁명이 발생한지 89주년이 되는 2006년 11월 7일에 약 500여 명의 공산주의자들이 키예프 도심에 유일하게 남아있는 레닌동상[98]을 향해 붉은 깃발과 스탈린의 사진을 들고 행진을 하고 있었다.[99] 주변을 지나던 시민의 일부는 이들을 향해 담배 불을 던지고 욕을 퍼 부었다. 경찰들은 도로를 막고 시위대와 시민 간의 충돌을 방지하기 위해 주변을 통제하고 있었다. 나이가 지긋한 시위대들은 레닌동상에 꽃을 헌화하는 것으로 시위를 마치게 되었다. 이와 같은 광경은 단지 키예프뿐만 아니라 우크라이나 전역에서 쉽게 발견되는데, 같은 해 리비브에서도 수십 명의 공산주의자들이 르비브의 스티리스키 광장(Stirisky Square)에 모여 붉은 깃발을 들고 볼쉐비키 혁명 89주년을 기념하고 있었다. 주변에 있던 우크라이나 민족주의자들이 경찰의 통제를 뚫고 주먹질과 발길질로 깃발을 들고 시위하는 군중들을 공격했다.[100] 이와 같이 지난 소비에트시기에 대대적으로 기념되던 10월 혁명일은 이제 주로 소수 나이가 든 공산주의 지지자들 사이에 기념되는 행사가 되었고, 종종 이를 반대하는 시민들과의 충돌이 발생해 경찰의 감시 대상이 되었다. 학계에서는 이와 같이 과거의 한 축일을 중심으로 다르게 해석하며, 그룹 간 반목과 대립이 발생하는 모습을 설명하며, '이중 의례' (dueling rituals)[101]라는 용어도 만들어 냈다.

11월 7일에 기념되는 10월 혁명 기념일을 다른 의례로 대치시키려는 노력도 발생했다. 11월 7일 기념일을 11월 1일에 개최되는 "서부 우크라이나 민족 공화국[102]의 건립 기념일"로 대치하려는 시도가 있었는데, 이는 소련의 상징인 10월 혁명 기념일을 우크라이나의 초대 국가의 위상을 부각시키고 우크라이나의 자주독립의 역사적 경험을 강조하는 사건으로 대치시키면서, 적색 기념일을 다른 색깔의 기념일로 바꾸려는 의도가 숨어있는 것이다. 일부 서부의 직장에서는 11월 7–8일에 근무를 하는 조건으로 다른 날 쉴 수 있게 함으로써, 10월 혁명 기념일의 의미를 약화시켜갔다.[103]

현재 사라진 소연방 시기의 또 다른 축일은 '소비에트 군대의 날' (2월 23일)이다. 소련의 붕괴와 더불어 더 이상 이날은 기념될 수 없었으며, 다른 명칭을 가지고 새로운 의미를 부여받게 되었다. '남성의 날' 로 개명된 이날은 여전히 침략자로부터 조국을 지킨 소비에트 시기의 군인들을 기념하고, 또한 어린이를 포함해 모든 남성들을 축하하는 날로 의미가 확대되었다. 이날은 또한 3월 8일 '여성의 날' 에 대응하는 기념일이 되었고, 여성들이 사랑하는 대상들에 따뜻한 말과 선물을 선사하는 날이라는 의미를 갖게 되었다.

소련시기 소련군에 영광을 염원하는 포스터

또 다른 축일로 이미 소련시기

에 기념되던 여성의 날(3월 8일)과 노동절(5월 1일)은 사라지지 않고 동일한 이름으로 여전히 우크라이나에서 기념되고 있다. 그러나 이들 두 기념일은 내용과 형식면에 있어 과거와 차이가 발생한 것으로 해석된다. 일랴 하네이코(Ilya Khineyko)는 2007년 우크라이나의 방송과 저널에 나타난 '여성의 날'에 대한 기사들을 분석하면서 "현재 '여성의 날'의 내용(본질)은 포스트 소비에트 사회의 문화적 특수성에 깊이 뿌리를 내리고 있는 듯이 보인다"[104]라고 언급하면서, 현대 우크라이나에서 '여성의 날'은 과거 소련시기 '수퍼우먼'으로 이상화 되었던 여성에 대한 정치적 견해나 관점들로부터 벗어나, 완벽히는 이해되지는 않지만 서구식의 '페미니즘' 혹은 '여성의 권리'에 대한 사고들을 어렴풋이 받아들여지고 있다고 해석했다. 그러나 그 수준은 여전히 미약하며, 오히려 어머니, 처, 딸 등 여성에 대한 이미지를 부각시키고 있으며, 특히 상업주의와 결부되어 각종 선물세트의 소개와 강조가 눈에 띄게 나타나고 있다. 진정한 소비에트 시기의 기념일이었던 노동절도 정치적 영향으로부터 벗어나 좀 더 중립적인 의미를 지니게 되었으며, 오히려 봄을 알리는 기념일로 변화하고 있는 것으로 해석된다.[105] 한 연구에 따르면, 우크라이나인들에게 있어 노동절은 점차 가족 공휴일로 자리를 잡으며, 예전의 화려했던 군사 행진은 더 이상 수행되지 않게 되고, 다만 다차(별장)에서 봄철 농사를 짓거나 소일거리를 하면서 하루를 편히 쉬는 날로 변해갔다고 한다.[106]

5월 9일 전승기념일은 소련 시기의 기념일로 제2차 세계대전시 조국을 수호한 전사들의 정신과 희생을 기리는 날로서 특히 독일군에 대한 소련군의 승리를 기념하게 된다. 독립 이후에도 여전히 이 날은 국가 공식 축일로 기념되고 있으나, 그 성격에 있어 변화를 겪게 되었다. 독립 이전에는 제2차 세계대전 당시 소련군에 참여한 군인들만을 영웅으로 취급했던 반면, 현재는 소련군에 반대하여 우크라이나의 독립을 추진한 당시 서부지역 민족주의자의 반정부 군대(Ukrayins'ka Povstans'ka Armiya, UPA)도 국가의 영웅으로 받아들여지게 되었다.[107]

지난 2008년 제63차 전승기념일을 전후하여 우크라이나에서는 설문조사가 행해졌다. 전승기념일 하루 전날인 5월 8일 라줌코브 센터(Razumkov Center)의 사회학 서비스 기관에 의해 수행된 이번 설문조사에서 파시스트 독일에 대한 승리의 기념일인 '전승기념일'을 우크라이나 국민들은 과연 얼마나 중요한 기념일로 생각하고 있는가에 대해 물었다.[108] 우크라이나 전체 인구의 63.3%가 여전히 이날이 중요한 기념일들 중 하나라고 여기고 있었는데, 26.4%는 그저 보통의 기념일로, 5.8%는 전혀 기념일로 여기지 않는다고 대답했다. 전승기념일을 중요한 기념일이라고 응답한 사람들 중 78%가 60세 이상의 노인인 것으로 밝혀졌으며, 18세와 29세 젊은이들은 이보다는 적은 52.8%가 이날을 중요한 기념일이라고 대답했다. 동부와 남부 우크라이나인들 중 76.5%와 76.6%의 응답자가 이날을 매우 중요한 기념일이라고 언급한 반면, 서부 우크라이나에서는 단지 30%만이 이에 호응했다.[109] 이와 같이 연령별, 지역별로 전승기념일에 대한 우크라이나인들의 입장과 생각에 차이가 있음을 알 수 있다.

2008년 전승기념일이 기념되는 방식에 있어 우크라이나는 러시아와 또한 차이를 보였다. 앞에서도 잠시 설명했듯이, 우크라이나에서는 제2차 세계대전 조국을 수호한 전사들의 정신을 기리는 기념행사와 더불어 소련군과 UPA군에 참여한 전사들을 함께 초대하여 이들의 화합을 이끌어내는 기념행사로 이어졌다. 거대한 군사퍼레이드는 사라지고, 대통령을 비롯한 정부각료와 전쟁영웅들이 함께 전사자들의 기념탑에 헌화를 하는 방식으로 기념식이 거행되었다. 물론 하르

2008년 우크라이나의 전승기념일 행사

2008년 러시아의 전승기념일 행사

키브와 같이 친러시아적 성격이 강한 지역에서는 군사지역 내에서 작은 군사 퍼레이드가 개최되기도 하였으나, 소비에트 시기에 있었던 군사행진은 없었다.

이에 반해 2008년 5월 9일 러시아의 붉은 광장에 러시아의 T-90 탱크를 선두로 전투무기와 군인들의 대대적인 퍼레이드가 있었다. 이와 같은 퍼레이드는 소련의 몰락 이후 자취를 감추었으나, 러시아의 새로운 대통령 드미트리 메드베데프의 등장과 함께 재현되었다. 메드베데프는 이날 주변 국가들의 "무책임한 야망"[110]은 언제든지 전쟁으로 이어질 수 있다고 언급하면서 우크라이나 등 현재 러시아와 CIS의 입지를 위협하는 국가들의 행동에 대해 경고성 발언을 했다.

새로운 축일과 기념일들

정치적 성향의 큰 변화를 의미하는 기념일로는 '제헌절', '우크라이나의 독립기념일' 그리고 '오렌지혁명 기념일'을 들 수 있다. 1991년 이후 6월 28일은 '제헌절'로, 8월 21일은 '우크라이나의 독립기념일'로 기념되고 있으며, 2004년부터 11월 22일은 우크라이나 오렌지혁명 기념일로 기념되고 있다. 후자는 정부에서 지정한 국가 공휴일은 아니나 우크라이나 내 민주주의 혁명과 친서방 정책으로의 선회를 상징하는 기념일로 인식되고 있다. '제헌절'과 '우크라이나의 독립기념일'은 우크라이나의 독립과 더불어 자연스럽게 발생하게 된 새로운 기념일이나, 실상 기념되는 방식은 예전의 소비에트 시기의 색깔을 많이 담고 있다. 예를 들어 '우크라이나의 독립기념일'에는 예전 소련의 군사행진을 방불케 하는 대대적인 군사행진[111]이 간헐적으로 진행이 되고 있는데, 이는 국가와 군대의 힘을 과시하는 소비에트식 표현을 새로

'유럽의 날' 상징

'키예프의 날' 문장과 공식 웹 로고

키예프 날 행사 프로그램

운 기념일에 그대로 사용하고 있는 것이다.

또 다른 새로운 축일은 '유럽의 날'이다. '유럽의 날'은 국가공휴일은 아니나, 정부와 외교부 그리고 유럽위원회 대표부(Delegation of the European Commission)의 협조로 치러지는 사회 기념일로서 우크라이나를 유럽연합의 하나로 규정지으며, 유럽문화권으로의 편입을 지향하고 있다. 지난 1993년 5월 15일에 시작되어 계속해서 진행되고 있는 '유럽의 날'은 분명 이전 소비에트 블록에서의 탈퇴와 EU가입을 지향하는 우크라이나의 새로운 입장을 반영하고 있는 것이다. 2008년 5월(11, 14, 17일)에 약 5만 명이 넘는 인원이 참여하여 우크라이나의 대표적 도시 키예프, 오데사, 도네츠크 등에서 개최되었는데, 이 행사에는 28개국이 참여하여 텐트별로 유럽마을(European village)을 구성하였으며, 각국의 지리, 역사, 문화, 음악, 도시, 음식들을 소개했다. 또한 우크라이나의 유럽연합과 관련된 경제, 정치 공개 토론회도 마련되었다.[112]

5월의 마지막 일요일에는 "키예프의 날"이 기념이 된다. 5세기 '키이 형제들'의 도시 건설 이래 계속되어온 키예프의 역사를 우크라이나의 역사 속에 편입시키면서 역사의 연속성을 다시 한 번 강조하고 있는 것이다. 이날의 프로그램은 역사, 문화, 예술, 스포츠를 망라한 내용을 포함하고 있고 있으며, 키예프 도시의 부흥을 도모하고 있다.[113]

타라스 쉐브첸코 탄생일 194주년 행사[114]

새로운 축일은 아니나 독립 이후 더욱 강조되는 축일들은 바로 우크라이나의 자주적 역사 건설에 큰 역할을 했던 인물들에 대한 기념일들이다. 예를 들어 19세기 우크라이나어의 成文化를 이끌어내고 민족주의를 활성화 시킨 타라스 쉐브첸코의 탄생일이 3월 8일 대대적으로 기념되고 있다. 2008년 3월 8일에도 우크라이나의 대통령 유쉬첸코와 총리 티모쉔코가 함께 참여하여 쉐브첸코 동상에 헌화를 하는 모습을 보였다. 이는 우크라이나의 독립에 지대한 영향을 미친 인물에 대한 존경의 표시이자, 독립 이후 새로운 영웅상의 설립을 통해 국민들에게 애국심을 고취시키려는 의도도 깔려있다고 보인다.[115]

민속과 종교 축일의 부활

새로운 의례, 의식의 도입과 더불어 옛 전통에 대한 복귀도 발생했다. 소련시기에는 전근대적인 것으로 취급받던 의례들을 복원하여 전통문화의 부활을 시도하게 되는데, 우리가 양력설과 음력설을 지내듯이, 우크라이나인들도 구력(율리우스력)과 신력(그레고리우스력)에 따라 두 번의 설을 지내게 된다. 구력에 의한 날짜계산 방식은 20세기에 와서는 신력보다 13일 늦게 된다. 따라서 구력으로 12월 31일은 현재 사용되는 신력의 1월 13일에 해당된다.[116]

1995년 서부 우크라이나지역에서는 지난 소비에트시기 전근대적인 표현 방식이라 해서 중단되었던 오래된 크리스마스(리즈드보)와 크리스마스 전날의례

말란카 축일 [117]

(말란카)들의 재현이 있었다. 1995년 텔레비전 방송국 'Halychna'와 방송 스튜디오 'Skarbivnia'에 의해 제작된 우크라이나의 크리스마스(Rizdvo v Ukraini)라는 방송프로그램에서는 서부 우크라이나에서 행해졌던 민속신앙과 결부된 크리스마스와 새해맞이 의례를 재현하였다.[119] 이 외에도 그동안 금기시 되거나 형식적으로만 존재했던 많은 민속의례[120]와 종교의례[121]들이 다시 부활하였다. 결국 민속 및 종교축일의 부활은 국가의 공휴일들 및 기타 개인 및 사회 기념일들과 겹치면서 "기념일의 마라톤"[122]현상을 심화시키는 결과를 낳고 있다.

말란카 축일에 사용되는 말란카 가면[118]

그런데 종교축일들의 보존과 활성화는 국가적 차원에서라기보다는 개인적 차원에서 주로 진행되고 있는 듯 보였다. 독립 이후 우크라이나 정부는 옛 교회 건물의 복원과 재건 등의 사업을 대대적으로 진행을 했다. 이는 우크라이나 민족정체성의 확립에 있어 종교와 교회의 역할이 얼마나 중요한 가를 보여주는 예였다. 그러나 종교축일은 이와 같이 집단적이며 대대적으로 진행이 되지 않아 왔으며, 다만 종교심이 강한 신앙인들 위주로 개인적 차원에서 진행이 되어온 경향이 있었다. 그러나 이와 같은 경향은 2008년 7월 25~27일에 있었던 "키예프 루시의 기독교화 1020주년 행사"에서 전면적으로 뒤엎어지게 되는데, 우크라이나 정부는 종교의례 부분에 적극적으로 관여하면서 국가적 목표와 통치이념을 적극적으로 국민들에게 전달하였다.

III.

UKRAINE

새로운 국가건설의 수단으로서 축일과 기념일

1991년 독립 이후 우크라이나 정부는 새로운 민족 정체성에 기반하여 국가건설을 이루어 나가야 하는 다음의 두 가지 과제에 직면했는데, 하나는 우크라이나 내부의 분열과 동부와 서부 간 역사적 경험의 차이, 정체성의 차이들을 극복하여 통일된 민족정체성 아래 새로운 국가를 건설하는 것이고, 다른 하나는 러시아의 지배 하에서 왜곡되었던 과거사를 극복하여 모든 분야에서 진정한 독립된 자주적인 국가를 건설하는 것이었다. 이런 과제를 해결하기 위해서 우크라이나 정부가 어떻게 축일과 기념일들을 이용하였고, 또 새로운 의례들을 만들어 냈는지를 살펴보면 아래와 같다.

민족과 국가의 통일

정부의 입장에서 볼 때, 분열되었던 우크라이나를 하나의 민족 개념으로 다시 통합하기 위해서는 지울 수 없는 우크라이나의 아픈 과거들, 특히 러시아와 관련된 역사와 정체성의 문제들이 해결되어야만 했다. 따라서 정부는 이러한 정책의 일환으로 그동안 역사 속에 파묻혀 빛을 보지 못했던 역사의 희생자라던가, 우크라이나의 독립운동을 해왔던 서부 우크라이나 반정부 군대(UPA)[123]의 희생자들의 동상을 세우고, 또 우크라이나 위인들의 이름을 따서 거리의 이름을 만들기도

대기근 희생자 추모식(2005년 11월) - 촛불의례 • 125

하였다. 그런데 이러한 작업을 통해 아이러니하게도 거리에는 과거 소비에트 시절의 상징성들과 새롭게 세워진 상징성들이 나란히 존재하게 되었다.[124] 국가가 지정한 기념일 행사에 역사상 서로 대립하던 인사들이 나란히 초대되는 모순을 낳기도 하였다. 예를 들어, 독일점령으로부터 해방 50주년을 맞이하는 행사에 유쉬첸코 대통령은 독일에 대항하여 소련군에 참전했던 용사와 당시 친 독일을 표명하며 소련으로부터의 독립을 추진했던 UPA의 대표들을 함께 초청해서 전쟁으로부터 우크라이나가 해방된 것을 기념하였다. 역사 속에서 서로 다른 입장을 가졌던 양측은 현대 우크라이나 정부에게 있어 모두 우크라이나 역사의 영웅들로 받아들여졌던 것이다.

또 다른 잊을 수 없는 우크라이나의 역사적 사건은 1932~1933년에 있었던 대기근이다. 자연재해라기보다는, 스탈린에게 의해 유도되었던 인재로 받아들여지는 이 참사로 수없이 많은 우크라이나인들이 희생되었다. 북미로 이주한 우크라이나의 교민들을 중심으로 그간 65년 동안 매년 대기근 희생자들의 추모행사가 있어왔음에도 불구하고, 그동안 소비에트 우크라이나와 독립된 우크라이나에서는 한 번도 공식적인 조사나 기념행사가 이루어지질 못했었다. 유쉬첸코 대통령은 대기근과 같은 쓰라린 과거사를 해결하지 않고는 국가 내의 분열된 감정을 치유할 수 없다고 판단하고, 2005년 11월 26일 연설에서 대기근으로 희생된 모든 이들의 영혼을 촛불로 위로하는 새로운 의식을 제안했다: “태워지는 촛불의 숫자는 대기근과 정치적 압력의 희생자의 수보다 적어서는 안 된다… 1932-1933년 매일 25,000명이 굶어 죽

나무심기의례

어갔다. 따라서 모든 죄 없는 희생자들의 영혼은 [이번 촛불의식을 통해] 자기 자신의 불을 찾을 것이다."[126]

촛불의례와 같은 목적으로 정부는 또한 우크라이나의 정체성을 상징하는 나무심기의례를 소개했다. 유쉬첸코 정부에 의해 시도된 이 의례는 나무 한 그루가 역사적 피해를 입은 바 있는 개개의 마을을 상징하며, 이 나무의 식수를 통해 국민들 마음에 남아있는 앙금을 씻어버리고자 했다.[127] 이와 더불어, 도시에서는 대기근과 정치적 억압에 의한 피해자들을 기리는 기념비 앞에 화환을 놓는 의례가 행해졌으며, 전 우크라이나 교회의 대표들이 희생자들을 위해 무언의 행진을 하기도 했다. 또한 대통령의 발언에 앞서 1분 간 묵념을 하고, 우크라이나 전역의 박물관에서 대기근의 희생자들을 위한 상설 전시회를 열기로 결정을 했다.[128]

이와 같은 정부의 태도는 역사 속에서 희생된 우크라이나인 혈통을 가진 사람들만을 위한 것은 아니었으며, 우크라이나 내 다양한 민족배경의 사람들, 특히 우크라이나인과 러시아인 사이의 과거사 문제를 청산하기 위한 것이었다. 과거사의 청산을 통해 정부는 우크라이나의 통일을 도모하고, 앞으로 러시아와의 관계도 새롭게 추진할 수 있을 거라고 믿었던 것으로 추정된다.

과거의 청산뿐만 아니라, 우크라이나 정부는 민족의 출신을 넘어 모든 국민들에게 새로운 비전을 제시하는 정치체로 태어나기 위한 노력을 하게 되는데, 예를 들어 11월 22일을 오렌지 혁명 기념일로 정해서 우크라이나 내 모든 국민들은 우크라이나를 자신의 모국으로 생각하고 자신을 우크라이나인으로 생각하게 되었음을 강조했다. 유쉬첸코 대통령은 연설에서 다음과 같이 언급했다: "우크라이나인들의 대다수는 우크라이나를 자신들의 조국으로 여긴다. 우리는 [우리 자신을] 우크라이나인이라고 생각한다. 우리는 우크라이나 특성(ukrainity)을 자랑스럽게 생각한다. 우리는 우리의 뿌리를 찾으면서 우리 자신을 다시금 탄생시켰다. 우리는 신화가 제시하는 역사의 기억을 되새기게 된다... 마이단(Maydan)은 수백만의 대중들을 도와 그들이 우크라이나의 정체성을 확인하게 도왔다."[129]

우크라이나 정부는 소비에트 시기의 기념일들을 변화시키고, 새로운 기념일을 소개하면서 새로운 국가건설의 목표를 달성하고자 노력했다. 그러나 현재 진행되고 있는 축일과 기념일 문화를 검토할 때, 과거 소비에트 기념문화와의 단절이라기보다는 이전 시기의 경험에 대한 다양한 해석이 현재 축일과 기념일을 통해 표현되고 있다고 볼 수 있다.

러시아로부터의 완전한 독립

1991년 민족의 독립을 이룬 우크라이나 정부는 이제는 사회 여러 분야에 펴져있는 러시아의 영향으로부터 완전히 독립하기 위해 노력했다. 그중 가장 대표적인 예가 얼마 전 종교의 영역에서 발생했다. 2008년 7월 25에서 27일 사이 세계 정교회의 최고 지도자들이 우크라이나의 수도 키예프에 모여 키예프 루시(Kyiv Rus) 기독교화 1020주년 행사[130]를 거행했다. 표면상 이 행사는 이 지역의 오랜 종교적 전통과 역사를 기리는 매우 전형적인 종교 행사로 보였다. 그러나 이 행사의 이면을 자세히 살펴보면, 종교를 둘러싼 대립과 정치적 갈등이 만연한 권력 투쟁의 장과 같았다고 평가되고 있다.[131]

우크라이나와 러시아의 정교회 신자들은 자신들 신앙의 근거를 키예프 루시, 다시 말해 지금 현재 우크라이나를 지배했던 최초의 국가에 두고 있는데, 이는 988년 키예프 루시의 볼로디미르(Bolodymyr) 공후[132]가 국가의 종교로서 기독교를 수용했기 때문이다. 그러나 초기 역사의 동일함에도 불구하고 이후 우크라이나와 러시아는 다른 역사 발전경로를 밟으면서 서로 다른 정체성과 언어를 발전시켜 나갔다.

현재 우크라이나의 교회는 다양한 종파들[133]로 구성이 되어 있는데, 이와 같은 결과는 기나 긴 역사 속에서 여러 민족들과의 관계 속에서 발생하게 되었다. 모스크바 정교회 수좌대주교(Patriarch) 관할 하의 우크라이나 정교회는 전체 우크라이나 교인 수중에서 겨우 26.13%만을 가지고 있으나, 우크라이나 교회의 대다수를 여전히 통제하고 있다.[134] 모스크바 정교회의 우크라이나 정교회에 대한 관할권은 1941년 6월 독소전쟁 이후 스탈린이 러시아 정교회와의 화해를 결정하고, 타민족종교를 러시아 정교회의 통제 아래 두게 되면서 시작되었다.[135] 많은 사람들은 지금까지도 모스크바 수좌대주교의 권위를 인정하는 반면, 우크라이나 정부와 키예프 대주교구 관할의 우크라이나 정교회 신자들은 독립된 상황에서 모스크바 수좌대주교구의 통제를 받지 않는 자체의 우크라이나 정교회를 가져야 한다고 주장하고 있다.

따라서 이번 행사의 진행과정에서 러시아와 우크라이나는 서로 다른 입장을 표명해 왔다. 우크라이나 정부는 이번 행사를 계기로 전 세계 정교회의 총대주교인 바르톨로메우(Bartholomew)에게서 모스크바로부터 독립된 우크라이나 민족 교회의 성립을 공인 받으려 했다. 이에 반해 러시아는 매우 예민한 반응을 보이며 이번 행사를 우크라이나와 러시아 교회 간 분열, 더 나아가 전 세계 정교회의 분열을 조장하는 정치적 행사로 간주하였다.

우크라이나를 비롯해 동슬라브 민족들에게 있어 '1020' 이라는 숫자는 특별한 의미를 지닌 것이 아니다. 20년 전 1000주년 행사를 치룬 동슬라브 민족들에게 있어 구지 1020주년 행사를 거대하게 치러야 하는 특별한 이유는 없었다. 다만 1000주년 행사가 모스크바에서 거행이 되었으며, 러시아의 통제를 거부하는 우크라이나의 종교지도자들이 참여하지 못했었다는 이유에서 이번 행사가 조직되었다고 생각할 수 있으나, 이번에도 키예프 수좌대주교 관할 우크라이나 정교회와 우크라이나 자치정교회 인사들은 행사에 참여하지 못하게 되었다. 따라서 다음과 같은 이유들을 언급해 볼 필요가 있다.

첫째, 키예프 루시 시기에 건설된 후 몽골에 의해 파괴되고 이후 재건되었다가 1930년대 스탈린에 의해 다시 파괴되었던 비운의 성 미하일 성당[136]의 건립 900주년 행사가 금년에 실행되었다. 이 행사를 계기로 우크라이나 기독교의 활성화와 분열된 우크라이나 종교계의 통일을 주도하기 위해 기독교 수용 1020주년행사를 실시했다고 볼 수 있다. 실제로 1020주년 행사가 있기 바로 일주일 전 성 미하일 성당 앞에서는 키예프 수좌대주교가 이끄는 우크라이나 정교회가 주축이 되어 기독교 수용 1020주년 행사를 미리 거행했다.

둘째, 내년 대통령 선거를 앞 둔 유쉬첸코 대통령은 현재 친 서방의 외교전략을 추구하는 현 정부 아래서 민족종교의 독립을 추진하고 이를 통해서 차기 대통령 선거에서 추락한 인기를 회복하려는 전략이 있었다고 분석할 수 있다.[137] 이는 친 러시아파들과 러시아에서 주로 바라보는 시각이다. 정치적 목적이 앞선 이번 행사에서 실제로 우크라이나 정교회와 우크라이나 자치정교회 측은 초대되지 못했으며, 오로지 모스크바 관할의 우크라이나 정교회측만 참석하게 되어 있었다. 따라서 유쉬첸코는 본 행사를 종교적이기보다는 국가적, 사회적 행사로 치르려는 의도를 역력히 보였다.

상기한 모든 이유들이 복합적으로 작용하여 이번 행사가 거행되었을 가능성

흐렐쉬차틱 거리에 걸려진 바르톨로메우와 대통령 사진

러시아 정교회 수좌대주교 알렉시2세의 사진

도 있는데, 이번 행사에서 주요 관심을 받았던 인물은 바로 세계 정교회의 대표인 콘스탄티노플 총대주교 바르톨로메우(Bartholomew)였다. 2억 5천만의 정교회 신자를 대표하는 총대주교 바르톨로메우를 우크라이나로 초대한 사람은 바로 우크라이나 대통령이었는데, 2007년 4월 서신을 통해 유쉬첸코는 바르톨로메우의 우크라이나 방문을 제의했고,[138] 총대주교가 이를 수용한 것이다. 1020주년 기독교 수용의 기념행사를 모스크바의 수좌대주교가 아닌 우크라이나 대통령이 주도했다는 것은 이 행사의 의도를 의심받는 이유들 중의 하나이다. 바르톨로메우에 대한 유쉬첸코의 공식 초청 이후 현 우크라이나 정교회를 총괄하는 블라디미르 주교가 모스크바의 수좌대주교의 이름으로 그를 재차 초청하게 되었다.

행사에 앞서 정부는 키예프 지역 전역에 바르톨로메우의 사진을 게시하며 "우크라이나는 정교회 총대주교 바르톨로메우를 환영한다"라고 홍보를 했으며, 행사 2주 전부터 총대주교와 우크라이나 대통령이 함께 있는 사진의 포스터를 거리에 게시하였다. 이를 두고 러시아 측에서는 모스크바 총대주교의 사진을 의도적으로 게시하지 않았으며, 일부는 철거하도록 정부가 종용을 하고 있다고 비난을 하면서 신경전을 벌였다.

7월 25일 총대주교의 방문 일에 키예프 보리스필 국제공항에는 5개의 우크라이나 방송사가 현지중계를 하는 가운데 우크라이나의 대통령이 직접 총대주교를 영접을 했다. 정부 각료들과 모스크바 관할 우크라이나 정교회 주교들이 참석한 가운데 영접 행사가 실행이 되었는데, 유쉬첸코 대통령은 인사말에서 세계의 정신적 가치를 향상시키는데 큰 영향을 담당한 총대주교의 역할에 감사드린다고 언급했다. 바르톨로메우 총대주교도 답변에서 유쉬첸코의 초청에 감사하며 "우리는 우크라이나의 전 기독교인들의 통합을 위해서 기도하기 위해 여기에 왔습니다. 우리는 통일을 기원하는 평화의 천사로서 여기에 도착했습니다"[139]라고 답변했다.

바르톨로메우와 유쉬첸코는 키예프의 페체르스크 라브라(동굴 수도원)를 방문하여 기도와 합창을 동반한 짧은 종교 의식을 가졌으며, 이후 일행은 성미하일 성당 앞으로 이동했다. 건립 900주년을 맞은 성미하일 성당 앞에는 최초로 기

대기근 기념동상 앞에 헌화하는 바르톨로메우

키예프 루시 기독교수용 1020주년 행사장

독교로 개종한 올하 공후의 동상이 있으며, 성미하일 성당 정문의 왼쪽 편에는 1932-33년 대기근(홀로도모르)으로 사망한 사람들을 추모하는 기념비가 있다. 총대주교와 우크라이나 대통령 내외는 바로 이 홀로도모르 기념비에 헌화를 하는 의례를 가졌다. 이 대기근에 대해 우크라이나 정부는 소련이 의도적으로 일으킨 제노사이드(대량학살)로 규정하고 이에 대한 철저한 조사를 지시했다. 이와 같은 상황에서 대기근 기념비에 대한 총대주교의 헌화는 정치적 성격이 강했던 의도적인 의전이었다고 해석된다.

7월 26일 모스크바 수좌대주교 알렉시 2세가 도착하기 전 오전에 성 소피아 광장에서는 엄격한 통제 아래 정치인들과 각료들, 각 지방으로부터 참여권을 부여 받은 일부의 종교인 및 시민들만이 참여한 기념행사가 거행되었다. 본 행사에서 유쉬첸코는 "본인은 ... 자치적인 민족 교회가 우크라이나에서 역사적 사실로서 빛을 보게 될 것이라고 확신한다"[140]라고 언급하면서 광장에 모인 천여 명의 우크라이나인들 앞에서 바르톨로메우 총대주교에게 다음과 같이 부탁을 했

다: “나는 위대하신 당신께 이와 같은 꿈의 실현과 진실, 희망, 그리고 우리의 국가와 우크라이나를 위해 은총을 내려줄 것을 부탁드립니다.”[141] 바르토로메우 총대주교는 직접적인 대답을 피하고 교회의 통일이 정치보다 훨씬 중요하다는 메시지를 전달했다.

7월 27일 드니프로강 언덕에 위치한, 기독교 수용의 주인공인 볼로디미르 공후의 동상 앞에서 정교회 총대주교인 바르톨로메우와 모스크바 수좌대주교 알렉시 2세, 그리고 유쉬첸코를 비롯한 정부의 각료들은 키예프 루시 기독교 수용 1020주년 행사를 거행했다.

키예프 루시의 기독교 수용 1020주년 행사는 다음과 같은 시사점들을 보여주었다고 할 수 있다.

1991년 이후 우크라이나는 계속해서 러시아로부터 벗어나려는 대내외적 정책을 추구해 왔다. 물론 쿠츠마 시기 친러 노선으로 선회한 경험도 있으나, 전반적으로 탈러시아화를 추구해 왔다. 이와 같은 경향은 결국 러시아와의 대립을 불러 일으켰는데, 그 예로 2006년 초 가스가격분쟁, 2008년 우크라이나의 나토 가입시도로 인한 갈등, 그리고 얼마 전 있었던 흑해 지역 러시아의 함대 거취문제로 인한 날카로운 대립 등을 들 수 있다. 이들 양국 간 대립은 정치, 안보, 경제 분야에서 그치지 않고 종교와 정신적 측면에서도 발생했다. 키예프 루시의 기독교 수용 1020 주년 행사는 바로 이와 같은 양 국가 간 갈등을 여실히 보여주는 좋은 예였다.

러시아 프로파일 잡지의 주요 편집인인 안드레이 졸로토브(A. Zolotov)에 따르면, 역사적인 관점에서 우크라이나 정교회가 자주성을 획득하는 것, 다시 말해 완전한 종교적 독립을 이룩하는 것은 결국 시간문제일 것이라고 했다.[142] 그에 따르면 비록 콘스탄티노플에서는 부인을 하지만 금년 6월 이미 우크라이나 정교회와 자치정교회의 대표들이 비밀리에 총대주교를 방문한 것으로 알려졌다. 어떠한 계기로, 얼마나 빨리 우크라이나의 교회들이 독립을 할 수 있을지는 알 수 없으나, 결국은 모스크바로부터 분리될 것으로 예측하고 있다.

이번 행사는 국가가 의례, 의식을 이용하여 종교와 국민들의 사고를 정치적 목적을 위해 사용할 수 있다는 사실을 여실히 보여주었다. 유쉬첸코는 종교행사를 국가, 사회 행사로 전환시키고 민족종교의 수립과 모스크바로부터의 독립이라는 목표를 설정하여 종교기관 뿐만 아니라 국민적 차원에서 이를 추구하도록 만들어 갔다. 도시 곳곳에 자신과 총대주교의 사진을 동시에 보여주고, 방문한 종교 지도자를 홀로모도라는 우크라이나 역사 사건, 즉 대기근 기념비에 참배시키는 의전을 기획했다. 모든 신문들과 미디어, 국민들의 일상 대화 속에서 종교 문제를 가장 중요한 이슈로 만들어 놓았으며, 이는 축일과 기념일이 국가건설의 수단으로 사용되게 되는 구체적인 예일 것이다.

그러나 문제는 과연 정부의 의도에 대해 얼마나 국민들이 호응을 하고 이번 행사에 대해 동감을 하고 있는가라는 문제이다. 본 저자가 만난 많은 시민들은 우크라이나 교회가 러시아로부터 독립해야 한다는 데에는 동감을 하지만 과연 누구를 위한 독립인가라는 의문도 제기한다. 민족교회의 설립보다 종교계 내부에 존재하는 부정부패, 종교와 정치세력 간의 결탁 등이 오히려 시민들의 관심을 끄는 주요 문제로 보였다.

IV.

UKRAINE

축일연구의 시사점

독립 이후 우크라이나 정부는 민족정체성의 확립과 이를 토대로 한 새로운 국가건설이라는 임무를 수행해야 했다. 이와 같은 목적을 달성하기 위해 우크라이나 정부는 국민들에게 통치 이념과 방향을 제시해야 했으며, 이를 제시하는 방법으로 축일과 기념일 등을 이용하였다. 기존의 사회주의적 축일과 기념일을 없애고, 새로운 통치 이념을 반영하는 축일과 기념일 및 의례들을 만들었으며, 기존의 것들은 상황에 맞게 바꾸려는 작업을 수행했다. 이를 통해 우크라이나 정부는 과거사의 문제를 청산하고 국가 내 존재하는 분열의 문제를 해결하려 했으며, 새로운 비전을 제시하려 했던 것으로 보인다. 국가건설의 수단으로서 축일과 기념일을 고찰한 본 연구는 다음과 같은 점들을 시사한다:

첫째, 축일과 기념일들은 시대와 체제의 변화와 함께 새롭게 변화한다는 문화적 실체이다. 고정적이지 않으며, 시대의 사상과 조류에 영향을 받으며 함께 변화해 가는 문화의 표현이자 총체로 이해해야 할 것이다.

둘째, 1991년 소련의 붕괴로 새로운 축일과 기념일, 의례들이 만들어지지만, 과거의 의례 문화를 완전히 탈피하는 것은 아니며, 일정 정도 과거와의 공존이 이루어지고 있다. 예를 들어, 우크라이나의 독립기념일(8월 24일)에 수행되는 대대적인 군사퍼레이드는 소비에트 시기의 잔재로서 과거 형식을 차용한 현대적 기념행사인 것이다. 특히 2008년 러시아의 그루지아 침공 이후 위협을 느낀 우크라이나 정부는 많은 반대에도 불구하고 군사퍼레이드를 실행했으며, 소비에트 시기의 군사기기를 선보이며 국가의 힘을 과시하는 전통적인 소련식 행사를 감행했다.

셋째, 축일과 기념일은 개인이나 그룹, 민족, 국가가 정체성을 표현하는 수단으로서 나, 우리, 전체 국가가 무엇인가를 말해 주는 것이다. 특히 국가 주도 하에 축일과 기념일을 통해 표현되는 정체성은 위로부터 아래로, 정부로부터 국민에게로 전달, 이입되는 내용을 담고 있다고 할 수 있다. 따라서 축일과 기념일을 통해 정부가 의도하는 바는 결코 하부에서 그대로 받아들여진다고는 볼 수 없는 것이다. 결국 정부에 의해 소개된 새로운 의례는 새로운 우크라이나 민족정체성을 형성하는 기능을 부여받았다고 보인다. 그러나 과연 그와 같은 의도가 새로운 축일과 기념일들을 통해 얼마나 대중들에게 전달이 되었으며, 대중들이 얼마나 호응을 해 가게 되었느냐는 다른 문제이며, 또 다른 흥미로운 연구주제로 보인다. 예를 들어, 2008년 6월 27일 라줌코브 센터에 의해 실행된 설문조사에서 우크라이나인들의 41%가 제헌절을 공식 축일(공휴일)로 보지 않는다고 대답을 했다. 이와 같이 정부가 의미를 부여하여 제정하는 공휴일과 각종 프로그램 및 의례들이 민간층에서는 실제로 공감대를 형성하지 못한 채 형식적으로만 전달이 될 수 있는 것이다. 따라서 정부주도의 의례문화의 형성과 민간층에서 행해지는 실제 축일과 기념문화 간의 관계와 괴리의 정도를 연구한다면 정부에서 주도해 나가는 민족정체성의 형성이 얼마나 실효를 거두고 있는지를 파악하는데 도움을 줄 수 있다고 생각한다.

우크라이나의 키예프는 천 년의 고도로 정교의 중심지이자 동슬라브민족의 정신적 고향으로 받아들여지고 있다. 황금빛 지붕을 한 성당들은 과히 우크라이나가 정교의 출발지임을 잘 보여주고 있다. 그러나 우크라이나인들이 갖는 정신세계의 특성은 바로 민간 신앙적 요소와 기독교적 요소가 함께 공존한다는 것이다. 두 개의 요소가 혼합되어 새로운 형태로 존재 하면서 신념체계의 내용과 형식을 서로 보완, 완성해주고 있다는 것이다. 물질문화 속에 표현된 민속 상징들 속에는 민간 신앙적 요소와 기독교적 요소가 조화와 융합의 관계에 있다고 보인다. 제 5장은 우크라이나인들의 종교적 혼합주의가 과연 현대 우크라이나 사회문화체계에 어떠한 방식으로 영향을 줄 지에 대한 문제를 해결할 사전 지식을 제시해 줄 것이다.

제5장

민속 문화와 종교성

UKRAINE

UKRAINE

문화체계의 구조

우크라이나인들의 정신세계와 종교성을 이해하는 것은 그들의 문화 행위와 문화 체계를 이해하는데 매우 중요한 요소로 작용한다. 우크라이나인들은 자신들만의 역사 체험에서 형성해 온 독특한 사고의 틀 속에서 정치, 경제, 문화 행위를 도모하게 되고, 이러한 행위 패턴 속에서 독특한 문화 체계를 형성해 왔다. 따라서 현대 우크라이나의 문화 현상과 문화 체계를 이해하기 위해서는 우크라이나 문화를 구성하는 본질적 요소들을 분석할 필요성이 제기된다. 문화체계는 문화의 핵심적 요소인 기호(signs), 상징(symbols), 문화 코드(culture code) 등으로 구성되는데, 기호와 상징들은 사람들의 특정한 의사와 의미를 전달하고, 이들 기호와 상징이 모여 문화적 코드(cultural code)를 형성하게 된다.[143] 이와 같은 코드가 다시 결합하여 더 큰 문화체계(culture system)를 형성하게 되는데, 특정 문화체계 속에 속하는 사람들은 그들에게 고유한 패턴의 문화, 정치 행위(behavior)를 수행하게 되는 것이다.

결국 현재 우크라이나의 정치, 경제, 문화 행위를 이해하기 위해서는 우크라이나 민족이 자신들의 의사와 세계관을 표현하기 위해 어떠한 상징들과 기호들을 사용해 왔으며, 이에 기반을 두어 어떠한 문화적 코드를 발전시켰는가, 그리고 결국 어떠한 정치, 문화의 행위를 하게 되는가를 분석해야 하는 것이다. 문화의 본질적 요소인 상징, 기호, 문화 코드 등을 이해하기 위해 우크라이나인들의 신화/민속, 언어/문학, 종교/예술, 역사/문화 등의 전 인문학 분야의 분석이 필

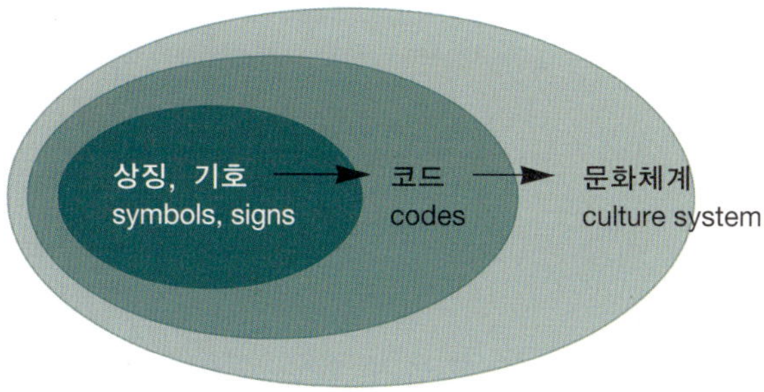

문화체계의 구조

요한 것이다. 여기서는 주로 우크라이나인들의 종교성을 반영하는 기호, 상징, 문화 코드 등을 우크라이나의 민속 문화 속에서 찾아보려 한다.

1991년 소련의 붕괴와 함께 우크라이나는 독자적인 국가를 수립했으며, 새로 성립한 정부는 우크라이나인들이 독특한 정체성을 형성한 역사 민족임을 주장하며, 새로운 시대에 걸맞은 우크라이나 민족 정체성을 수립하기 위해 노력해 왔다. 이러한 과정에서 종교는 우크라이나인들에게 중요한 문화 요소로 받아들여져 왔으며, 키예프 루시 시기 수용된 정교는 우크라이나 종교문화의 근간으로 여겨져 왔다. 우크라이나를 방문하는 관광객들은 휘황찬란한 황금색의 돔과 화려한 성화(이콘)가 그려진 웅장한 교회들을 쉽게 발견하게 되며, 이를 지켜보며 우크라이나는 과히 정교문화의 중심에 있음을 실감하게 된다.

키예프를 걸으며 눈으로 보고, 서적과 인터넷, 그리고 방송을 통해 이해하게 되는 우크라이나의 문화에서 분명 정교가 중요한 문화 코드로서 받아들여지며, 우크라이나를 정의하는 중요한 요소로 인식된다. 이와 같은 입장은 일면 타당하며 옳은 해석이라고 할 수 있으나, 우크라이나 종교문화를 설명하기에는 부족한 감이 없지 않다. 보이지 않는 부분에 숨겨져 있는 또 다른 우크라이나인들의 종교성이 엄연히 존재하기 때문이다.

제5장에서 우리는 우크라이나의 종교성에 대한 국가 및 교회 중심의 고찰과 해석에서 벗어나 대중들의 입장에서 민속에 표현된 상징성을 바탕으로 우크라이나인들의 종교적 특성과 사고의 체계를 논의해 보자. 따라서 본 장의 논의대상은 주로 19세기 이후부터 현재에 이르는 우크라이나 농민 혹은 대중들의 일상생활 속에서 쉽게 발견되는 물질문화(가옥의 일부, 부활절 계란(pysanky), 자수가 놓인 의례용 수건(rushnyky), 성화 등)가 될 것이며, 이들에 표현된 상징성 분석을 통해 우크라이나인들의 종교성의 단면을 고찰해 볼 것이다. 그런데 글을 시작하기 전 우리 논의의 한계성을 조심스럽게 언급한다면, 우크라이나인들의 정신세계와 종교성은 관념적인 부분으로 물질문화의 상징성만으로 완벽하게 해석되기 어렵다는 것이다. 특히 상징성이 내포하고 있는 의미들은 주관적이어서 일률적이지 못하며, 지역에 따라 다르고 시대의 흐름과 함께 변화의 가능성도 있다. 따라서 여기에서는 루슈니키와 부활절 계란, 십자가 등의 물질문화에 나타난 상징들을 통해 우크라이나인들의 종교성을 일반화하기 보다는 우크라이나인들이 갖는 종교성의 한 측면을 제시하는 방향으로 논리를 전개하겠다.

UKRAINE

이중신앙과 종교적 혼합주의

우리는 우크라이나인들의 종교성을 고찰한 다른 학자들의 연구들 중 특히 '이중신앙'(dvoyevirstvo)의 설명에 주목할 필요가 있다. '이중신앙'은 신앙적 차원에서 기독교의 외형 아래 민간 신앙적 믿음과 관습이 보존된 종교체계를 의미한다.[144] 슬라브학에서 '이중신앙'의 용어는 주로 러시아 농민들의 문화를 설명하면서 민간 신앙적 요소와 기독교적 요소의 갈등 혹은 융합 현상을 말하기 위해 사용되었다. 이미 1860년대 역사학자들과 종교인들에 의해 사용된 이 용어는 의식, 무의식적으로 러시아인들 사이에 믿어지는 민간신앙과 기독교 의례들을 묘사하기 위해 처음으로 사용되기 시작했다.

전능하신 하느님은 이중신앙 속에서 살고 있는 기독교인들을 지켜주실 수가 없습니다. 못 배운 사람, 배운 사람들뿐만 아니라, 신앙을 가지고 있고 세례를 받은 성직자와 일반 평신도들도 이중신앙 속에 살고 있습니다.[145]

러시아인들의 '이중신앙'에 대해 많은 학자들은 다양한 논의를 벌여 왔으며, 대체적으로 민간신앙과 정교회의 관계에 초점을 맞추며 크게 세 가지의 관점을 제시해왔다[146]: 첫째, 민간신앙과 정교회의 관계를 매우 적대적이고 비타협적인 관계로 보는 갈등론적 관점. 둘째, 기독교 사상이 민간신앙에 점차로 주입되어 러시아인들의 삶이 기독교적으로 변화하게 되었다고 보는 동화론적 관점. 그리고 마지막으로 두 가지의 종교체계(민간신앙과 기독교)가 서로 혼합되는 과정 속에서 각기 독립적으로 존재하거나, 아니면 두 종교체계가 기본구조와 정체성을 상실하고 질적으로 새로운 형태로 결합한다는 혼합주의적 관점.

러시아의 종교문화를 일컫기 위해 주로 사용되는 '이중신앙'의 현상은 민간신앙을 신봉하던 키예프 국가에 10세기 정교가 도입되면서 시작이 되었다. 기독교 종교체계가 민간 신앙체계보다 뒤늦게 형성이 되면서 위에서 아래로 강제적으로 기독교를 전파하려 했던 키예프 루시의 특수한 상황이 이중신앙의 현상을 발생시킨 것으로 해석되고 있다. 이렇게 볼 때 러시아와 공통의 초기 역사시기를 공유하는 우크라이나 또한 '이중신앙'의 현상으로부터 자유로울 수 없는 것이다. 12세기 후반 안드레이 보골류브스키(Andrei Bogoliubsky)[147] 공후에 의해 키예프 루시의 중심이 지금의 수즈달, 블라디미르 쪽으로 옮겨가기 시작하였고, 13세기 중반 몽골-타타르의 침입으로 키예프가 붕괴되면서 정치의 중심이 키예프로부터 북동부 쪽으로 완전히 이전하게 되었다. 이러한 과정 속에서도 민간신앙은 계속해서 국가와 교회에 의해 탄압을 받게 되었는데, 거의 16세기 말까지 지속적인 탄압이 이루어졌다고 한다. 1551년 정교회는 짜리와 함께 '100조항 종교회의'를 열어 교회의식을 바로잡고 '민간신앙'에 오염된 관습을 개혁하고자 했으며, 1556년에는 사제 실베스테르(Sil' vester)가 '가정의 경영자'라는 뜻의 「도모스트로이」(Domostroi)를 편찬하여 일상생활에서 신앙생활을 유지하는 방법에 대해 설명하기도 했다.[148]

이와 같은 국가와 교회의 노력에도 불구하고 일부 대중들은 여전히 기독교화에 역행하는 행동을 감행했는데, 일예로 1671년의 기록에 따르면 스테판 라진(Stepan Razin)이 그의 일행들과 함께 돈(Don)지방으로 되돌아와서 교회에 대해 악행을 저지르고 많은 사제를 쫓아내고 예배를 방해했다고 한다. 이와 같이 러시아에서는 국가와 교회가 농민들의 '이중신앙'에 대해 매우 강력하게 맞섰으며, 농민들의 저항도 강했다는 기록[149]이 전해지고 있는데, 우크라이나의 경우는 러시아와 다른 역사적 상황, 즉 민족은 있었으나 독립된 국가가 없었던 상황으로 인해 '민간신앙'에 대한 제도적 제한과 억압은 러시아보다 약했을 것으로 예상이 된다. 그러나 교회가 민족을 대표하는 기구로 역할을 했기 때문에 '민간신앙' 과의 대응을 주도했을 것으로 예상이 되며, 이에 대한 논의는 독립된 연구에서 논의 되어야 할 것이다. 이를 통해 '이중신앙' 과 관련하여 발생하게 되는 러시아와 우크라이나의 종교정체성의 차이도 비교, 고찰되어야 할 것이다.

여기에서는 민간신앙과 기독교의 관계에 초점을 두어 진행된 상기한 세 가지 관점 중 세 번째 '혼합주의' 에 주목할 것이다. 기존의 몇몇 연구들이 러시아의 민간신앙과 기독교의 결합관계를 축일과 음식 등을 통해 조명[150]했으나, 민속문화의 입장에서라기보다는 교회와 종교의 입장에서 분석한 경향이 있다. 따라서 제5장에서는 우크라이나 대중들의 민속 문화에 표현된 상징성들을 분석하면서 우크라이나인들의 민간 신앙적 사고와 기독교적 사고가 민속 문화 속에서 실질적으로 어떻게 관계를 맺고 있는지 알아볼 것이다. 이와 같은 과정 속에서 우리는 우크라이나의 민속 문화에는 민간 신앙적 요소뿐만 아니라 정교문화의 요소들이 함께 어우러져 있음을 확인하게 되고, 이러한 사실이 우크라이나인들의 종교성과 정신문화에 영향을 미치고 있다는 사실을 배우게 될 것이다.

III.

UKRAINE

물질문화에 나타난 민속 상징과 종교성

1996년 키예프 한 복판 성 끼릴과 메토디우스 동상 바로 옆에 키예프 루시 최초의 기독교 수용자였던 올하 공후[151]의 동상이 세워졌다. 이어서 1997년과 1998년 사이에 황금 지붕을 가진 성미하일 성당도 다시 재건되었는데, 이 성당은 스뱌토폴크 2세에 의해 12세기에 지어졌다가 13세기 몽골타타르에 의해 부서지게 되고, 1496년에 다시 재건되었다가, 1935~1936년 스탈린에 의해 파괴되었던 대성당이었다. 키예프 중심에 성미하일 대성당을 재건한데는 순수한 종교 부흥의 의미도 있겠지만, 키예프가 러시아에 지배되지 않는 우크라이나 정교회의 중심[152]이라는 것을 보여주는 상징적 의미도 가지고 있는 것이다.[153] 이렇듯 정부와 교회에 의해 주도되는 종교정체성의 확립은 기독교 전통의 기반위에 이루어지고 있는 것으로 보인다.

화려한 교회가 있는 도시를 떠나 우크라이나의 지방으로 발길을 돌리면 도시와는 다른 소박한 건물들과 자연을 쉽게 접하게 된다. 특히 농가를 방문하게 되면 화려했던 교회의 성화와는 대비되는 투박한 문양들이 농가의 벽면이나 출입문 쪽에 그려진 것을 보게 된다. 19세기나 20세기 초에는 쉽게 발견되었던 아래의 기호 혹은 상징들은 기하학적 모양을 하고 있다.

과연 이와 같은 기호 혹은 상징들은 무엇을 의미하는 것일까? 이들 문양의 상징성을 이해하기 위해서는 우크라이나에 정교가 도입되기 이전의 시기로 거슬러 올라가야 한다. 988년 키예프 루시 시기 정교가 도입되기 이전에 슬라브인들

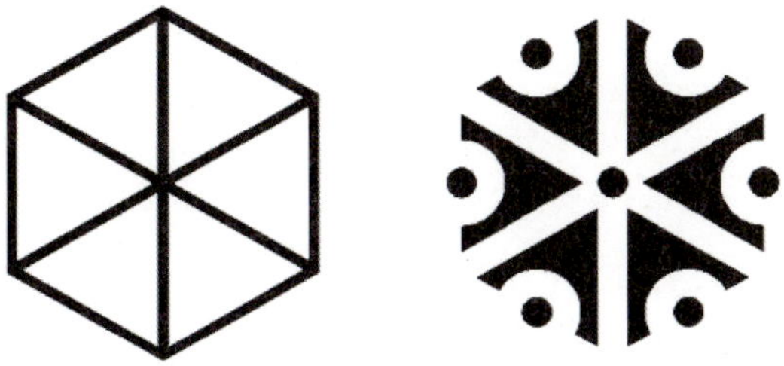

천둥과 번개의 상징[154]

은 기독교와는 다른 신격 체계를 갖고 있었다. 당시의 동슬라브인들은 창세기의 신에서 비롯한 패룬, 벨레스, 다쥐보흐, 스트리보흐, 호르스, 모코쉬, 세마르글 등 최고신을 신봉하였다.[155] 의인화 된 이들 신들은 자연의 힘을 관장하며 인간과 자연을 매개해 주는 역할을 한다고 믿어졌다.[156] 위의 그림에서 표시된 기호 혹은 상징은 바로 천둥과 번개를 의미하는 것으로써, 천둥과 번개를 관장하는 패룬의 보호를 기원하며, 천둥과 번개로부터 안전을 얻고, 외부에서 집으로 침입하려는 위험물과 악을 막고자 하는 사람들의 염원의 표현이었다. 예전 우크라이나 농민들은 가옥의 곳곳에 위의 상징들을 그려 민간신앙의 보호를 받으려 했던 것이다. 다음 쪽 좌측 그림은 농가의 석가래 혹은 대들보에 새겨 진 천둥과 번개의 상징이며, 우측 그림는 농가 혹은 건물 입구에 새겨 진 같은 의미의 상징들이다. 키예프 루시에서 최초로 기독교로 개종한 올하공후의 동상이 키예프 미하일 광장 앞에 위치하고 있는데, 올하공후가 입고 있는 의복에 바로 이 천둥과 번개의 상징이 그려져 있는 것을 볼 수 있다. 제작자의 의도를 알 수는 없으나 당시 민간신앙의 영향이 얼마나 강했을까를 짐작하게 하는 모습으로 추정된다.

슬라브인들의 농가들은 입구부터 민간 신앙에 많은 영향을 받으며 배치되었

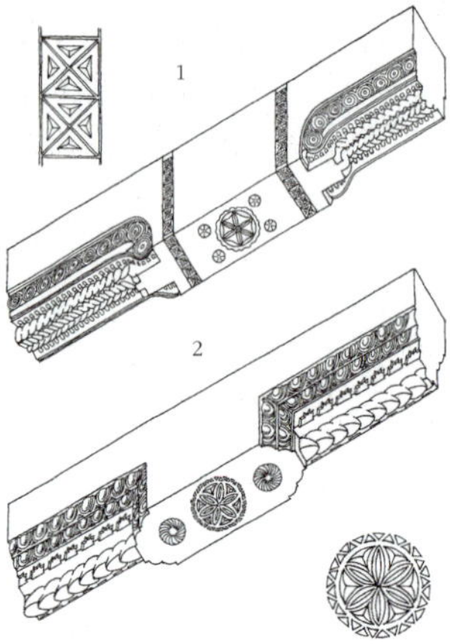

농가의 석가래 혹은 대들보에 새겨진
천둥과 번개의 상징 [157]

20세기 초 르비브의 한 야외 미술관 입구에
새겨진 천둥과 번개의 상징 [158]

다. 대부분 농가들, 특히 우크라이나인들의 집 문은 바로 거리로 향해있지 않는다. 그래서 가옥의 내부로 들어가려면 반드시 안마당을 거쳐야 한다. 농가의 마당은 울타리 역할을 하여 집 건물을 막아주는 역할을 한다. 이는 바깥으로부터 유입될 수 있는 악과 위험을 막으려는 노력으로 보이며, 민간 신앙적 사고에 입각하여 악을 퇴치하려는 염원의 표현이다.[159]

마당을 거쳐 농가에 돌아 들어가면, 입구에 작은 공간이 나오며 좌, 우로 방이 하나씩 존재한다. 보통 작은 방(mala khata)과 밝은 큰 방(svitla khata)으로 구분이 되며, 큰 방은 특별한 의례가 있을 때 행사를 치루는 역할을 한다. 우크라이나의 전통적인 가옥의 구조는 우크라이나 전통가옥의 평면도에 잘 나타나 있다.

입구를 통해 방 안으로 들어가면, 밖과 연결된 모든 문들이 루슈니키(rushnyky : 자수를 놓은 수건)로 감싸져 있는 것을 보게 된다. 민간 신앙적 의미를 갖는 많은 상징과 기호들을 자수로 짜서 만든 루슈니키는 바로 안과 밖을 연결하는 통로를 보호하고 막아주는 역할을 하게 된다. 방안에 들어가면 문의 맞은 편, 가장

올하공후의 동상 후면

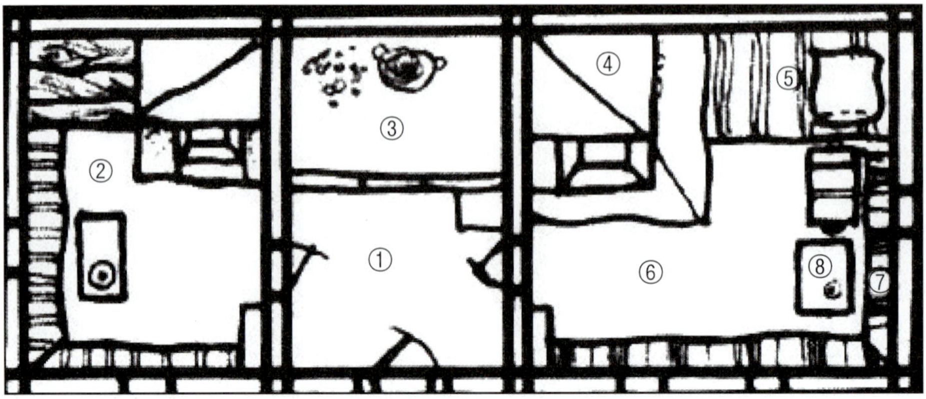

우크라이나 전통가옥의 평면도 [160]

1. 입구(siny), 2. 작은 방(mala khata), 3. 창고(komora), 4. 벽난로(pich), 5. 침대(lizhko), 6. 특별한 기념행사를 위해 사용되는 큰방(svitla khata), 7. 성화 밑의 성스러운 자리(posad), 8. 테이블

루슈니키로 감싸진 성화와 창문들 [162]

잘 보이는 방의 한 쪽에 성화가 걸려 있는 것을 발견하게 되며, 이 성화 또한 루슈니키로 잘 감싸져 있는 것을 보게 된다. 우크라이나인들에게 있어 성화나 그림들은 다른 세상으로 통하는 창으로 여겨졌다. 문들과 창문들이 실제의 바깥세상과 통하는 창이라면, 성화와 그림들은 신의 세계와 같은 영적 세상과 통하는 창으로 보여졌던 것이다.[161] 따라서 이 문들을 넘나들 때 발생할 수 있는 위험들이나 나쁜 세력들을 막기 위해 여러 가지 의미의 상징들이 새겨진 루슈니키로 감쌌던 것이다.

집안의 성소라고 할 수 있는 큰방의 구석 벽면에 아기예수를 안은 성모상과 예수 그리스도 상을 담은 성화를 모셔 놓고 루슈니키로 성화를 감싸 내리게 되는데, 이 루슈니키들에는 아래의 그림에서 보듯이 주로 민간 신앙적 상징물들인 생명의 나무, 기하학적 문양, 동물 등의 상징들이 수놓아져 있다. 결국 집의 입

루슈니키에 감싸진 성화들 [163]

구서부터 집안에 이르는 모든 과정 속에 표현된 민간 신앙적 상징들은 집안의 가장 중심 장소에서 기독교적 상징과 만나게 된다. 이들 상징들은 서로 조화와 융화를 이루며 하나의 염원과 의지를 표현하는 역할을 한다.

우크라이나인들의 속담에 "루슈니키가 없는 집은 집이 아니다"[164]라는 말이 있을 정도로 우크라이나인들에게 있어 루슈니키는 매우 중요한 의미를 지녀왔다. 루슈니키에 수놓아지는 모티프는 100가지가 넘으며 각각의 모티프는 상징적 의미를 갖고 있다. 모티프들은 크게 네 부류로 다음과 같이 구분되며 아래에 소개된 것들은 자주 사용되는 상징들의 일부 예이다.[165]

A. 꽃과 식물의 모티프 : 장미, 루타(rue), 빙카(periwinkle), 홉(hop), 칼리나(kalyna)와 크렌베리(cranberry)와 같은 열매 등
B. 새와 동물, 곤충의 모티프 : 비둘기, 닭, 오리, 공작, 비잔틴 상징의 쌍두독수리 등
C. 추상적, 기하학적 도형의 모티프 : 동그라미, 삼각형, 장미꽃 모양의 도형, 별, 다이아몬드, 단색의 띠 등
D. 종교적 모티프 : 십자가, 교회

상기한 모티프들은 루슈니키 제작자의 의도에 따라 서로 조합을 하며 특정한 의사를 전달한다. 민간신앙과 기독교와의 관계를 짐작하게 하는 상징성과 의미에 초점을 맞추기 위해 루슈니키에 반영된 '탄생의 상징과 탄생을 주관하는 신'을 소개하고자 한다.

루슈니키에 사용되는 '탄생의 상징과 탄생을 주관하는 신' 이미지는 BC 4000-3000년 신석기 시대의 유물에 그려졌던 이미지와 연관성이 있는 것으로 밝혀졌다. 키예프 근처의 한 마을 트리폴례(Tripolye)에서 발굴된 찰흙으로 만든 작은 여성상에는 특정한 이미지, 다시 말해서 4개의 다이아몬드 모양에 각각 점이 가운데 하나씩 그려져 있는 것을 확인하게 되는데, 이들 이미지들은 현재 우크라이나의 루슈니키에 사용되는 모티프와 매우 유사함을 발견하게 된다.[166]

탄생의 상징은 보통 다이아몬드 모양을 하고 있는데, 다이아몬드를 중심으로 양쪽으로 두개 선이 마치 다리와 팔 모양으로 위서부터 아래로 표현되어 있다. 알렌(M. Allen)에 따르면, 유럽과 아시아의 교차로에 위치한 최초 문명의 중심지였던 아나톨리(Anatolie)지역에서 최초로 발견된 출생 과정을 보여주는 여신의 이미지가 기원전 8000년서부터 다른 지역으로 이전하여 결국 일반화되어 갔다고 한다.[167] 우측 상단의 그림은 아나톨리 신석기 문명시기 벽화에 그려진 출산하는 여신의 그림이며, 우측 하단의 그림은 출산을 하는 여신의 그림이 기하학적인 다이아몬드 모양으로 변화해가는 과정을 추론하여 보여주고 있고, 아래의 그림은 '탄생을 주관하는 신'의 이미지가 수놓아진 우크라이나 루슈니키의 예이다.

아나톨리아 신석기 문명에서 발굴된 출산하는 여신의 상 [168]

Judy Chicago에 의해 추론된 '탄생 신' 이미지의 변화과정 [169]

우크라이나 루슈니키에 수 놓아진 '탄생 신'의 이미지 [170]

위의 '탄생을 주관하는 신' 과 더불어 자주 등장하는 또 다른 여성신은 로자니짜(Rozhanitza)로 인간의 다산을 관장한다고 믿어진다. 로자니짜의 단어적 의미는 '출산을 하다' 와 관계가 있으며, 우크라이나에서는 출산을 앞둔 여성들에게 로자니짜의 이미지가 수놓아진 루슈니키를 만들어 준다.[171] 예전 한국에서 여성들이 집에서 출산을 할 때 힘을 주기 위해 흰 천을 양손으로 잡아당겼던 것과 같이, 우크라이나에서도 집 천장을 관통하는 대들보에 로자니짜가 수 놓아진 루슈니키를 걸쳐놓고 임산부가 이것을 잡고 출산을 하게 끔 했다고 한다. 자수에 나타난 로자니짜는 기하학적인 모양의 여성으로 다리를 벌리고 그 안에 자신의 아기 혹은 작은 식물이나 싹을 갖고 있으며, 양 손에는 다산을 의미하며, 또한 하늘로 부터 생명을 가져다주는 의미를 가진 새를 잡고 있는 경우가 많다. 로자니짜의 상징은 산모와 아기를 위험으로부터 보호한다는 주술적 의미를 갖는다.[172]

로자니짜의 이미지 [173]

그렇다면 민간 신앙과 관련 있는 위의 두 상징성들이 기독교와는 어떠한 관계를 맺고 있는가? 예전부터 12월 26일은 '로자니짜' 의 탄생일로 여겨져 왔는데, 기독교 수용 이후 12월 25일은 예수 그리스도의 탄생일과 크리스마스일로 바뀌었다. 예전 로자니짜의 탄생일은 루슈니키와 같은 의례용 천을 준비하여 서로 선물하는 것으로 기념되었는데, 이와 같은 풍습은 크리스마스 때 선물을 교환하는 것으로 발전되었다고 추정한다.[174] 로자니짜의 역할은 기독교의 수용 이후 성모 마리아에 의해 대체된다. 전통적으로 9월 8일은 "위대한 (어머니) 신" (The Great Goddess)의 탄생일로 여겨져 왔으며, 이날 로자니짜와 다이아몬드형 탄생의 상징들이 수놓아진 루슈니키를 선물하곤 했다.[175] 교회는 기독교 수용 이후 9월 8일을 성모 탄생일로 제정하여 "위대한 (어머니) 신"의 탄생일을 대치하려 했는데, 비록 민간 신앙적 의미는 사라져 로자니짜 혹은 지모신 대신 성모 마리아를 기념하게 되었지만, 여전히 이날 로자니짜와 탄생의 상징이 새겨진 루슈니키를 교환하고 선물하는 전통은 사라지지 않고, 계속해서 수행되고 있다. 결국 이와 같은 현상은 '민간신앙 전통의 기독교화'라고 할 수 있지만, 또한 민간 신앙적 전통과 기독교 전통의 공존, 혼합이라고도 볼 수 있을 것이다.

장례에 사용되는 루슈니키 [176]

또 다른 예로 여기 소개된 루슈니키는 특별히 장례를 위해 만들어진 것이다. 루슈니키의 상단 중앙에 십자가를 중심으로 상, 하, 좌, 우로 새, 나무, 사슴, 나비, 장미가 그려져 있으며, 십자가에는 과실이 피고 새들이 앉아 있는 모습을 보게 된다.[177] 루슈니키에 그려진 모든 개체들은 기독교 수용 이전부터 내려오는 특별한 의미를 지닌 민간 신앙적 상징들로서, 이들을 이용하여 결국 사망자의 영혼을 하느님의 나라로 인도하는 기독교적 바람을 실현하고자 한 것이다. 이 예에서도 다시 한 번 민간 신앙적 요소와 기독교적 요소가 공존, 혼합되어 있음을 발견하게 된다.

민간 신앙적 요소와 기독교적 요소의 공존, 혼합 현상은 농촌지역뿐만 아니라 도시지역에 사는 슬라브인들의 생활 곳곳에서도 쉽게 찾아진다. 슬라브인들의 최대 기념일 중의 하나인 예수님의 부활절에 도시와 농촌 사람들은 부활절 계란을 그린 뒤 부활절 빵과 음식을 함께 바구니에 담아 교회로 가지고 가서 축성을 받아 온다. 기독교 수용 이전부터 존재하던 전통으로 왁스를 입힌 달걀 껍질에 끼스뜨까(kystka)라고 불리는 펜 모양의 도구로 다양한 상징을 세긴 뒤 물감을 입히는 과정을 반복하여 화려한 문양의 계란을 만들게 된다. 그림을 그리기보다는 펜으로 쓰듯이 문양을 낸다고 하여 '쓰다' 라는 단어에서 기원한 '삐싼끼' (pysanky)라는 이름을 갖게 되었다. 우크라이나 민속학자 코노넨코(N. Kononenko)에 따르면, 계란은 계절적으로 봄철과 관계가 있는데, 그 이유는 태양의 사신(herald)으로 여겨졌으며, 또한 계란의 생산이 봄철에 증가하기 때문이다.[178] 따라서 장식된 계란들은 계절의 순환을 돕는 다고 믿어졌으며 봄철에 새로운 동물들과 곡식들의 성장을 가져다준다고 믿어졌다. 다산을 가져다주는 계란의 잠재적 능력은 계란 위에 왁스를 이용해 그려진 상장들에 의해 보장되고 강화된다고 생각되었다. 따라서 옛 사람들은 곡식의 귀, 포도, 갈퀴와 같은 농기구, 경작지를 상징하는 십자모양의 평행선들, 닭, 염소, 가축, 그리고 태양의 모습 등의 상징들을 계란위에 새겼다고 한다.[179] 기독교가 수용되기 전 사람들은 이와 같은 상징들이 장식된 계란들을 땅에 묻어 상징이 갖는 주술적 힘을 대지에 전달하고 농가를 보호하고자 했다고 한다. 기독교의 수용 이후 삐싼끼는 기독교적 의미를 얻게 되었다. 예전의 상징들은 기독교의 맥락 속에서 재해석 되게 되는데, 태양 혹은 4개의 살을 가진 태양모양의 원형은 십자가를 의미하는 상징으로 변했고, 교회나 십자가, 물고기 등 새로운 기독교적 상징들이 예전의 상징들과 함께 삐싼끼에 사용되게 되었다.[180]

부활절 계란 [181]

농민들과 같은 대중 층에 의해 만들어진 이콘과 십자가의 예에서도 민간 신앙적 요소와 기독교적 요소의 결합이 다시 한 번 확인이 된다. "이콘과 고골의 초상화"의 논문에 따르면, 교회의 이콘은 역원근법(비투시도법)을 이용해 이콘 속 내부 관찰자의 시각을 그려 넣었다고 한다: "안과 밖의 서로 반대되는 시각은 형상의 좌우대칭구도를 만들고 시공간의 상황을 설명하는 전경과 후경 구도의 특징을 갖게 된다."[182] 또한 저자에 따르면, 이콘이 서양회화처럼 2차원 공간, 즉 캔버스의 평면위에 그려졌으나 회화에서 묘사되어야 하는 원근법적 3차원 공간(입체감)을 넘어, 그림의 틀을 뚫고 열린 공간으로 시선을 유도 하는 화법을 쓰고 있다고 한다.[183] 결국 이콘의 그림은 독특한 화법과 신비로운 색감들로 이콘의 대상물들을 인간의 실제 모습과는 다른 신비로운 형상으로 표현하며, 이를 바라보는 인간을 무한한 천상의 세계로 이끌어주는 역할을 하게 된다는 것이다. 이와는 대조적으로 17세기 이후부터 20세기 초까지 우크라이나지역에서 발전한 우크라이나 민속 이콘은 화법과 그림의 주제에 있어 많은 차이를 보인다. 교회의 이콘과 같이 민속의 이콘도 성경과 교회의 법과 전통 등에서 주제를 찾아내나, 많은 경우 민속과 전설 등의 내용도 포함하고 있다.[184] 또한 입체감을 부여하는 교회의 이콘과는 달리 평면적 공간 활용을 하게 된다. 따라서 신비로운 성상의 표현보다는 마을의 친근한 농부의 얼굴을 한 성상이 나타나게 된다. 또한 교회의 이콘에는 보기 어려운 단조롭고 원색적인 색감을 가진 많은 꽃과 식물들 및 기하학적인 형상들이 나타나게 되는데, 이들은 앞에서 언급한 루슈니키에도 자주 사용되었던 상징들로서 민간 신앙적 의미를 함축하고 있다. 따라서 농민들은 민속 이콘에서 기독교적 주제를 민간 신앙적 요소들로 장식하여 종교적 메시지를 전달하고 있다고 볼 수 있다.

기독교의 십자가는 예수 그리스도의 사랑과 희생을 의미하는 기호(sign)이며, 인간의 구원을 의미하는 상징이다. 692년 제6차 전 그리스도교회의는 교회법 73조항에 따라 예수그리스도가 못 박힌 십자가를 경모(敬慕)하기로 결정했다.[186] 그러나 십자가의 형태와 모양에 대해서는 언급이 없었으며, 따라서 그 후 전 세계에는 다양한 모양의 십자가가 사용되었다. 키예프 루시 이래 우크라이나에서 사용되어왔던 십자가에 대한 연구의 권위자인 쉐르바키브스키(Vadym Scherbakivsky) 교수에 따르면, 우크라이나 지역에 가장 먼저 들어온 십자가는

평민층의 이콘 [185]

키예프 루시 시기 비잔틴에서 유입된 4개의 끝을 가진 그리스 정교회 십자가였다고 한다.[187] 그 후 우크라이나 지역에서는 4개의 끝을 가진 십자가 이외에 5개, 6개, 7개 혹은 8개의 끝을 가진 십자가들이 사용되었다. 1547년 당시 모스크바의 이반 뇌제는 8개의 끝을 가지며 하단부에 기울어진 발판이 있는 십자가를 사용하도록 명령을 내렸으며, 이후 이 형태의 십자가가 러시아 정교회 십자가의 상징이 되었다고 한다. 그러나 쉐르바키브스키 교수에 따르면, 우크라이나에서도 8개의 끝을 가진 십자가들이 존재는 했으나, 러시아와는 달리 하단부가 수평을 이루었다고 한다.

십자가는 교회의 전유물이 아니었다. 우크라이나 지역에서 십자가는 평민층들 사이에서 만들어지기도 했으며, 종종 십자가의 표면에 민간 신앙적 상징들이

우크라이나 후쭐지역의 십자가 [188]

새겨 지기도 했다. 위의 사진에 나타난 후쭐(Hutsul)[189] 지역에서 제작된 나무로 만든 십자가는 내부에 다양한 상징을 갖고 있는데, 이들 상징들은 부활절 계란인 삐싼끼와 루슈니끼에 자주 등장하는 상징[190]들과 유사한 점들이 많다. 예를 들어 위의 십자가에 나타난 작은 원형들은 아래 그림의 〈상징 1〉에 제시된 상징과 유사한데, 이들은 기독교 수용 이전부터 태양을 상징하며, 우주의 연속성, 순환성을 의미한다고 해석된다.[191] 또 다른 민간신앙의 상징으로 8개의 끝을 가진 별 혹은 장미 모양이 자주 사용되는데, 이는 태양의 신 다쥐보흐를 상징한다[192](상징 2). 두 십자가의 안쪽 테두리를 두르고 있는 연속된 두 줄의 선(상징 3)은 항상 끊어짐 없이 처음과 끝이 계속해서 연결되어 있는데, 이는 생명의 영원성을 의미한다고 한다. 위의 양 십자가에 보이는 연속된 곡선(상징 4)은 부활절 계란

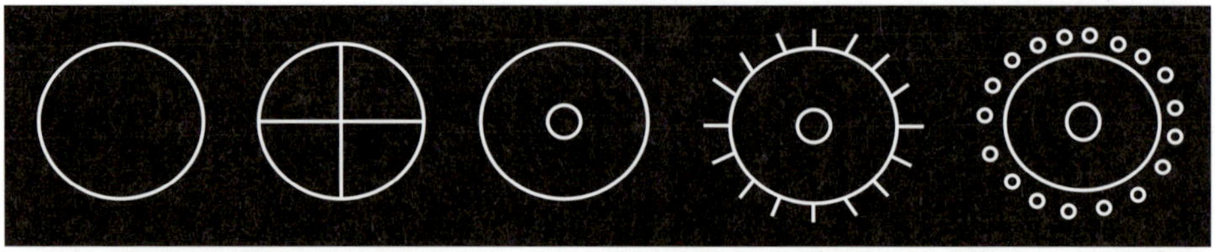

상징 1. 태양을 상징하는 원형

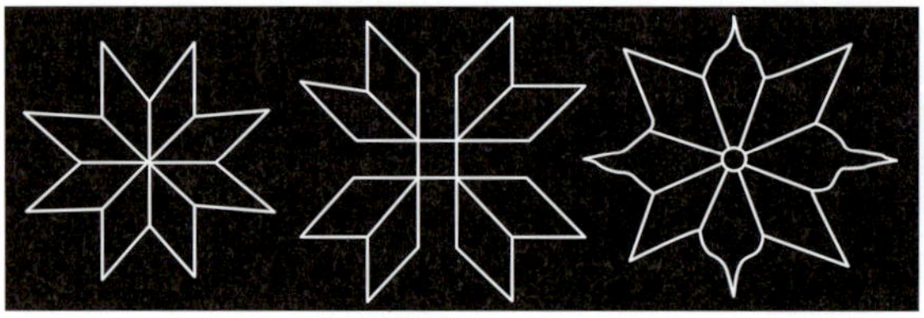

상징 2. 여덟 개의 끝을 가진 별 혹은 장미

상징 3. 벨트와 리본을 나타내는 두 줄 선 [193]

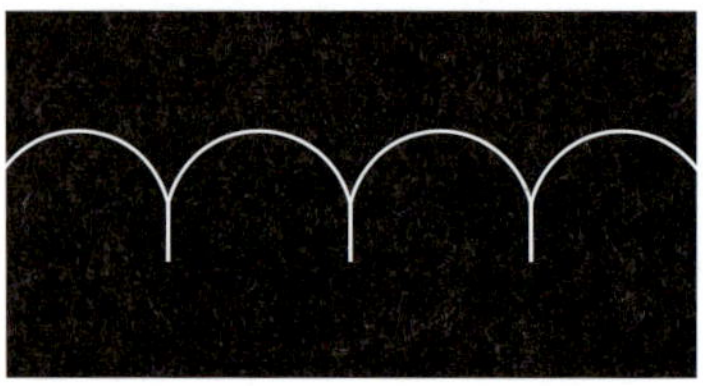

상징 4. 연속된 곡선 [194]

상징 5. 체 모양 [195]

에 자주 나오는 상징으로 마치 물이 대지를 만나는 것처럼 다른 성질의 것들이 결합하게 되는 장소를 상징한다고 한다. 앞에 소개된 우측의 십자가 한 가운데에 있는 체 모양(상징 5)은 후쭐(Hutsul) 지역에서 주로 사용되는 상징으로 악마로부터 선(善)을 분리시킨다는 의미를 지닌다고 한다.

결국 위의 예들을 통해서 볼 때, 우크라이나 민속 문화의 일부인 물질문화에는 민간 신앙적 요소들과 기독교적 요소들이 함께 어우러져 있는 것을 발견하게 된다. 과거부터 현재에 이르는 시간까지 민간 신앙적 요소와 기독교적 요소가 갈등적 관계를 거쳤거나 혹은 어느 한 쪽에 의한 동화의 과정을 거쳤을지 몰라도, 현 우크라이나 민속 문화에 표현된 이들 두 신앙은 혼합, 융합, 공존의 관계에 있음을 파악하게 된다. 비록 물질에 표현된 현상을 가지고 우크라이나인들의 종교성을 일반화 하는 작업은 문제가 있으나, 민속 물질에 반영된 민간 신앙적 요소와 기독교적 요소의 관계는 분명 민속 물질을 만들어 낸 사람들의 사고와 종교관을 반영하는 것이라고 말 할 수 있다. 결국 이들 민속 문화에 표현된 우크라이나인들의 혼합적 종교성은 우크라이나인들에 내재한 사고 체계의 한 측면을 구성하는 것으로 해석할 수 있을 것이다.

IV.

U K R A I N E

혼합주의적 종교성의 의미

종교와 교회를 중심으로 민간 신앙의 변화를 읽어 냈던 기존의 연구와는 달리 여기서 우리는 대중의 민속 문화 속에서 민간 신앙과 기독교가 어떠한 관계를 이루며 존재하는가를 알아보았다. 비록 우리가 여기서 진행했던 논의에 한계가 있었다 하더라도, 다음과 같은 시사점들을 갖는다고 볼 수 있다.

첫째, 우크라이나인들이 갖는 관념의 외적 표현인 물질문화 속에서 민간 신앙적 요소와 기독교적 요소가 함께 공존한다는 것이다. 두 개의 요소가 병렬식으로 한 자리에 공존하던가 아니면 혼합되어 새로운 형태로 존재 하면서 신념체계의 내용과 형식을 서로 보완, 완성해주고 있다는 것이다. 물질문화 속에 표현된 민속 상징들 속에는 민간 신앙적 요소와 기독교적 요소가 갈등의 관계에 있거나, 혹은 물과 기름과 같이 섞이지 않는 분리의 관계에 있기 보다는 조화와 융합의 관계에 있다고 보인다. 공식 교회의 입장에서 이는 종교적 순수성을 방해하는 '민간신앙' 의 요소로 보일 수 있으나, 민속의 견지에서는 대립적 관계로 보이질 않는다.

둘째, 과거 민간 신앙의 종교적 의미가 기독교에 의해 교화 혹은 교체되는 현상이 발생했으나, 민간 신앙의 표현과 관련된 관습들(pysanky와 rushnyky 만들기 등)은 사라지지 않고 전통문화의 일부로 현재까지 남게 되었다는 것이다. 따라서 각종 종교 및 가족, 사회 기념일의 행사에서 우크라이나인들은 의식적 혹은 무의식적으로 과거에도 행해졌던 민간 신앙적, 기독교적 문화행위를 혼합시켜 현대적 상황 속에서 재현하고 있다고 볼 수 있다.

여기서 논의된 내용들은 새로운 사실의 발견이라기보다는 그동안 경시되어 왔던 인문학 분야 내 본질적 문제들을 다시 한 번 거론했다는 생각이 든다. 비록 여기서 우리가 우크라이나인들의 종교성을 반영하는 기호와 상징들을 다루는 데 그쳤으나, 분명 다음과 같은 연구과제들의 필요성을 제시하고 있다고 보인다: 우크라이나인들의 종교적 혼합주의는 과연 현대 시대에 어떠한 방식으로 진행되고 있는가? 다시 부활하는 기독교와 민간신앙의 전통, 그리고 새롭게 소개되는 여러 가지 종교와 뉴에이지(New Age) 운동 등은 어떻게 우크라이나인들의 종교성에 영향을 미치고 있는가? 우크라이나인들의 혼합주의적 종교성은 국가의 발전에 있어 긍정적 요소로 작용하는가 아니면 불안을 초래하는 요소로 작용하는가? 우크라이나인들의 독특한 혼합주의적 종교성은 문화코드로서 우크라이나인들의 행동 및 사고패턴, 더 나아가 문화체계에 어떠한 영향을 미치는가? '이중신앙' 적 종교체계와 혼합주의적 종교성과 관련하여 우크라이나와 러시아 문화 사이에 차이성이 존재하는가? 이와 같은 질문들은 앞으로 우크라이나인들의 물질문화뿐만 아니라 의례문화, 정신문화의 영역에서 보다 장기적이며 밀착적인 현지 조사를 통해 답이 찾아져야 할 것이며, 우크라이나의 문화체계를 이해하기 위해 반드시 연구되어야 할 것이다.

소키르카 웨딩(Sokyrka Wedding, Gorlitz, Saskatcehwan, 1973)
출처 : 나댜 포티(Nadya Foty)

제국의 화려한 문화를 가졌던 러시아와는 달리 우크라이나는 수수하면서도 훈훈한 민속 문화를 발전시켜왔다. 우크라이나인들의 혼례에는 우크라이나인들의 삶의 지혜와 철학을 반영하는 많은 의례들이 존재한다. 여기 소개된 독특한 의례는 우크라이나 일부 지역에서 지금도 수행되고 있으며, 이 의례 속에서 우리는 삶을 풍요롭게 하는 우크라이나인들의 지혜와 세계관을 이해하게 된다.

제6장

혼례에 나타난 질서(Cosmos)와 혼돈(Chaos)

- '집시의 축연' (tsyhanshchyna)과 '모의 혼례' (mock wedding)를 중심으로

U K R A I N E

U K R A I N E

혼례의 구조

복합적 구조와 절차로 구성된 혼례는 중요한 기능들을 수행한다. 근본적으로 혼례는 신랑과 신부를 결합시키는 역할을 하지만, 결국은 두 가족과 더 나아가 두 마을 혹은 공동체를 결합시키는 기능을 한다. 혼례는 또한 수많은 상징성의 총체로서 구성원들의 정체성을 표현할 뿐만 아니라, 구성원들의 염원을 상징과 의례를 통해 표현하는 역할을 한다. 풍요와 다산, 악귀의 퇴치 등의 주술적 표현뿐만 아니라, 종교적 표현이 총동원되는 혼례는 현대에 와서 상업주의와 결부되면서 그 의미와 구조, 기능이 더욱 복잡해지고 있다.

제6장은 혼례의 많은 측면 중 혼례가 갖는 질서와 혼돈의 "전복"이라는 기능에 초점을 맞추었다. 일상적, 세속적인 삶에서 벗어나 성스러운 영역을 통과하는 과정에서 행해지는 의례가 세속의 원칙을 전복시켜 혼돈의 세계를 이끈 후 새로운 질서를 만들어 내는 기능을 한다는 사실에 주목했다.

우크라이나 혼례는 크게 세 부분으로 나뉜다: 결혼 전 의례, 결혼 날 의례(결혼식과 피로연), 그리고 결혼식 이후의 의례. 우크라이나의 혼례에서 질서와 혼돈의 '전복' 기능은 결혼식 이후에 수행되는 '집시의 축연' (tsyhanshchyna)에 의해 수행된다. '집시의 축연' 은 집시와 걸인의 옷을 입은 사람들이 집집마다 방문하며 행하는 의례로서 집시들(tsyhany) 혹은 닭들(kury)이라고 불리기도 한다. '집시의 축연' (tsyhanshchyna) 혹은 '닭들' (kury)의 용어는 집시들이 마을을 돌아다니며 음식을 훔치는 데서 기원을 한 것으로 예상이 되며, 닭을 의미하는

'kury' 의 사용은 아마도 이 의례에서 마을 사람들이 닭을 훔치는 행위를 하는 것으로부터 유래된 듯하다.

제5장에서 우리는 현재 우크라이나에서 행해지는 '집시의 축연' 과 더불어 캐나다 내 우크라이나 이민자들 사이에서 행해지는 의례인 '모의 혼례' (mock wedding)에도 주의를 기울여 보자. '집시의 축연' 과 직접적, 간접적 연관성을 갖고 있는 '모의 혼례' 는 결혼 후 의례로서 신랑, 신부들의 친구, 친지들이 풍자적으로 혼례를 재현하는 것이다. 여성과 남성 역할의 교체, 교권과 부모의 권한에 대한 풍자적 표현 등으로 구성되어 있다. '모의 혼례' 는 '집시의 축연' 을 계승, 발전시킨 새로운 형태의 의례로 해석되는데, 여기서 우리는 이 두 의례를 비교하면서, 일상의 원칙에서 벗어나 질서(cosmos)와 혼돈(chaos)의 전복을 통해 우크라이나인들이 추구하려 했던 것들은 무엇이며, 시간과 공간의 변화 속에서 전통을 어떻게 계승, 발전시켜 가는지를 논의해 보도록 하자. 이를 통해 현대 우크라이나 및 캐나다 사회에서 우크라이나인들의 역동적인 문화행위를 이해할 수 있을 것이다.

UKRAINE

질서와 혼돈의 전복

통과의례와 세시풍속 의례의 많은 기능 중 일상생활의 '이탈'과 '전복'적 기능을 강조한 연구들이 많이 있었다.

우선 통과의례와 세시풍속 연구의 전환점을 만들었던 반겐납(Van Gennep)의 통과의례(Rites of Passage)에서 반겐납은 통과의례의 세 국면(분리, 전이, 통합)과 두 영역(속과 성)을 소개하면서, 탄생과 혼례, 장례와 같은 통과의례를 통해 사람들은 세속적 영역에서 이탈하여 성스러운 영역으로 이전하면서 분리, 전이, 통합의 의례를 경험하게 되고, 결국은 이전의 세계와는 다른 새로운 세계로 이동하게 된다고 말했다.[196] 속세의 국면에서 성역으로 옮겨진 뒤 다시 맞게 되는 세속적 세계는 이미 이전의 상태와는 다른 새로운 생태를 의미한다는 것이다.

반겐납의 이론에 영향을 받은 많은 학자들 중 빅토르 터너(Victor Turner)는 1967년에 의례의 반구조적(anti-structure) 특성에 주의를 기울였다.[197] 터너는 일상의 생활로부터 이탈된 전이단계의 국면은 더 이상 이전 세계와는 같지 않은, 그렇지만 아직 새로운 단계가 아닌 상태라고 이름 붙였다. 이 중간 시기에 표현되는 상징들은 살아있지도, 죽어 있지도 않은 상태이면서, 또한 동시에 살아있으면서 죽어있는 것들이라고 언급했다.[198] 이와 같은 불확실성은 의례의 주체들이 이 시기 동안은 변신을 하거나 혹은 숨어있게 되고, 남자이지도 않고 동시에 여자도 아닌 상태가 된다는 것이다. 다시 말해, 이 시기의 의례 주체들은 성과 지위, 부에 관계없이 동등하게 취급받으며, 여기에도 속하지 않고 또 저기에도 속하지 않는 중립적인 위치에 처하며, 법과 관습 등의 영향권 밖에 있으면서 또한 내에 존재한다고 한다.[199] 결국 터너는 전이의 국면을 설명하면서 일상적인 상태에서 이탈한 새로운 상태의 특성을 강조하였고, 이전의 일상적 규범과 법질서가 뒤집힐 수 있는 가능성을 설명하였다. 터너는 전이의 시기 동안에 기존 질서에서 있었던 성의 기능과 사회적 지위, 부의 위치가 변화될 수 있고 전복될 수 있다는 가능성을 제시하였다.[200]

통과의례와 같은 방식으로 세시풍속도 한 계절적 국면에서 다른 계절적 국면으로 인간들이 통과하면서 행하게 되는 의례로 해석되어왔다. 특히 이러한 과정에서 몇몇 학자들은 축일과 명절에 내재된 생명력 근원의 법칙들에 주의를 기울였다. 러시아의 미하일 바흐찐은 프랑수아 라블레의 작품과 중세 및 르네상스의 민중문화에서 축제란 '삶의 공식적이고 일상적인 제도의 한계를 뛰어넘는 일시적인 출구'[201]라고 설명하면서 '지배적인 진리들과 현존하는 제도로부터 일시적으로 해방된 것처럼, 모든 계층의 질서 관계, 특권, 규범, 금지의 일시적인 파기를 축하하는 것'[202]이라고 했다. 혼례를 하나의 축일로 간주할 때 바흐찐의 축제의 '전복' 적 특성을 혼례의 특성과 관련지어 생각할 수도 있을 것이다.

매닝(Frank E. Manning)에 따르면, 인간의 삶에서 레비 스트라우스(Levi Strauss)(1966)가 말하는 이성적으로 체계화되어 있고 통제되는 질서(cosmos)의 상태와 페크함(Peckham)(1965)이 말하는, 인간의 내면에서 항상 요구되는 혼란(chaos)의 상태 사이에서 균형을 지우려는 노력이 계속된다고 한다.[203] 모든 의례와 축제는 이러한 인생의 불확실성과 확실성, 엄숙함과 조소적인 것 사이에서의 균형을 잠시 깨면서 긴장감을 해소시켜준다. 균형 잡힌 상태에서 한편의 힘이 약화될 때, 그 약화된 측은 자신의 희생으로 상대를 일시적으로 우위의 위치에 놓이게 하지만, 결국 다시 한 번 그 가치를 인정받으며, 강력한 위치로 되살아난다는 암묵적 합의가 있는 것이다. 터너(V. Turner)는 이러한 과정을(위치의) 상승-고양을 위한 의례과정(the ritual process of elevation)이라고 명명하면서, 의례주체의 위치를 고양, 상승시키기 위해서는 먼저 격하시키고 조롱을 하는 의례가 수행된다고 했다.[204] 결국은 이러한 과정을 통해 약화된 측의 힘이

상승되면서 새로운 균형 잡힌 상태가 형성되는 것이다.

새로운 균형, 새로운 상태의 국면을 위해 이전의 일상적 규범과 법칙을 전복시킨다는 의례와 축제의 특성에 주의하면서 우크라이나 혼례의 한 요소인 '집시의 축연' (tsyhanshchyna)과 '모의 혼례' (mock wedding)에 대해 논의하기로 하겠다.

III.

UKRAINE

'집시의 축연' (tsyhanshchyna)

'집시의 축연' 의 유래와 내용

'집시의 축연' 의 풍습이 언제부터 시작되었는지, 그리고 우크라이나의 어느 지역에서 시작되었는지를 명시하는 정확한 자료는 없는 것으로 추정된다. 다만, 민속학적-인류학적 자료들에 근거하여, 이 관습이 1900년대 초반 우크라이나의 중부지역에서 주로 행해졌다는 것을 확인할 수 있다.

보리센코(V. Borysenko)에 따르면, 우크라이나의 중부지역에서 결혼 후 의례로서 사람들이 가면을 쓰고 '집시의 축연' 을 행했다고 언급하고 있고,[205] 탄쭈라(H. Tantsiura)에 따르면, 우크라이나 중부지역의 마을인 지야트키브찌(Ziatkivtsi) 마을에서 우습게 복장을 한 사람들이 판토마임식의 결혼 게임을 하면서 음악에 맞추어 춤을 추기도 했다고 묘사하고 있다.[206] 콘드라토비치(O. Kondratovych)는 현장조사에 근거하여 다음과 같이 이 의례를 묘사하였다.

> 신부의 가족을 만나러 가는 길에, 소년들과 남자 어른들은 집시나 할아버지, 할머니로 복장을 한다. 집시는 놋쇠로 만들어진 도구로 소리를 내고, 물건을 팔고 주문을 받는 시늉을 하면서 대장장이 흉내를 낸다. 할아버지, 할머니 역을 맡은 사람들은 가족생활을 묘사하는 여러 가지 우스운 광경을 보여주는 연기를 한다.[207]

또 다른 자료로 1970년대에 출판된 *Vesillia u dvokh knyhakh*(The Wedding: in two books)에서 1967년에 중부 우크라이나의 두다리키브(Dudarykiv) 마을에서 우스운 복장을 하고 가면을 쓴 사람들이 결혼 후에 '집시의 축연' 의례를 한다고 설명했다: "수요일에 사람들은 보통 '집시의 축연'을 행했다 – 가족들이 모여서 이집저집을 돌아다니면서, 베이컨이나 닭을 훔치고 저녁을 준비했고, 여기저기 돌아 다녔다."[208]

좀 더 최근의 자료로서 1998년에 중부 우크라이나에서 수집된 코노넨코(N. Kononenko)의 현장조사는 이 전통을 좀 더 생생하게 묘사하고 있다:

> 혼례의 중요한 부분은 이어 경박한 행위(frivolity)의 단계로 이어진다 ... 이 시기는 일반적으로 도둑질이나 남을 해하는 짓을 하는 형태를 취하는데, 혼례에 초대된 하객들은 마을을 돌아다니며, 닭이나 다른 음식을 훔친 뒤, 신랑의 집으로 가져와서 음식을 만들어 먹는다. 간혹 하객들은 결혼 파티를 계속하기를 그만두고 정상적인 삶으로 돌아가려는 사람들을 '공격'하기도 한다. 하객들은 그러한 사람들의 집에 가서 집 문의 경첩을 떼어 내고, 공구들을 숨겨 놓는다 ... 일부 젊은이들은 수레를 끌고 와서 거기에 신부측 부모를 그곳에 태웠다 ... 그들은 길거리에서 혼례에 참여하지 않은 누군가를 만났을 때, 그들 중 우스운 복장을 하고 취한 척한 사람이 지나가는 사람들에게 다가가 음식과 호릴까(보드카)를 주고 그 대가로 신혼부부를 위한 선물을 받아온다.[209]

이상에서와 같이 '집시의 축연'은 주로 중부 우크라이나에서 실행되던 결혼 후 의례였다. 우크라이나 서부지역의 혼례를 연구한 보브크(Vovk)[210]나 슈헤비치(Shukhevych)[211]의 저술에서는 '집시의 축연'에 대한 언급이 없었다. 그러나 최근에 캐나다 알버타 대학의 연구팀에 의해 실행된 서부지역 현장조사에서는 '집시의 축연'과 유사한 의례가 발견되기도 하였다. 이 의례에서는 남자와 여자가 역할을 바꿔서 복장을 하고 등장하는데, 의사복장을 한 남자가 여장을 한 임신한 (남자)신부로부터 아이를 받아내는 연기를 보였다. 또한 축연을 뒤로하고 정상적인 생활로 돌아가려는 하객들을 들것에 실어 내다버리는 행위를 하였다. 이와 같은 예를 통해 '집시의 축연'이 동부지역에서 주로 행해졌지만, 서부지역에서도 존재했었거나, 아니면 최근에 들어서 이 지역에 발생한 것으로 짐작할 수 있다.

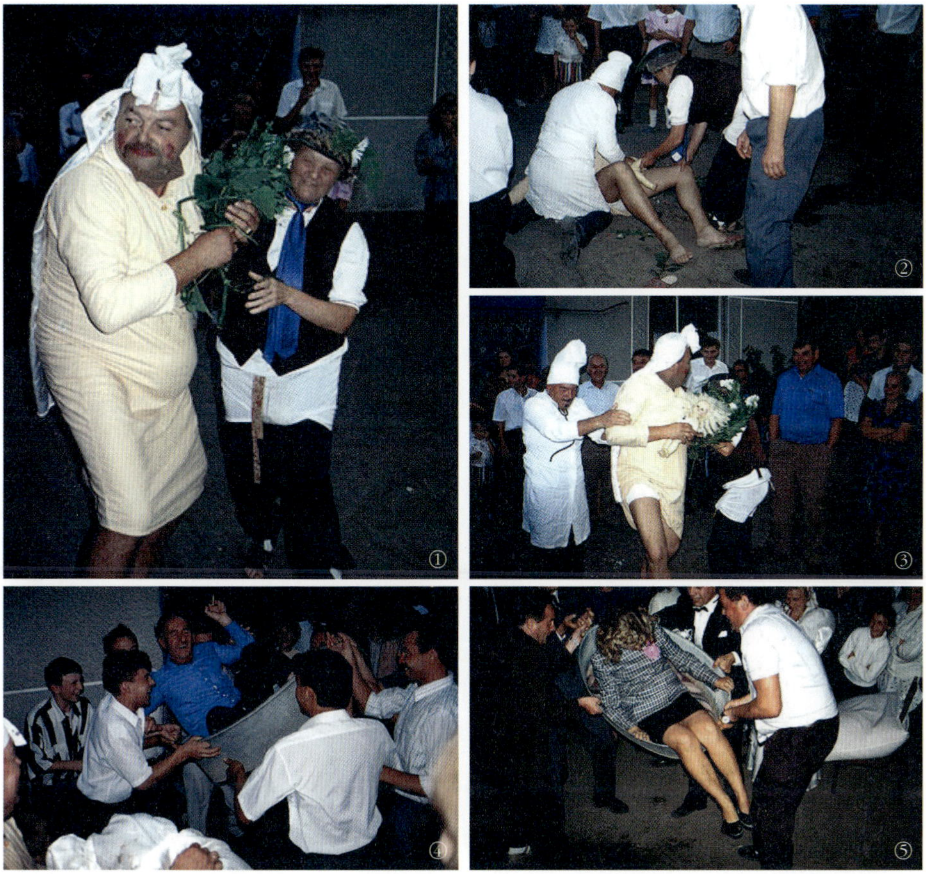

'집시의 축연' – 우크라이나 서부 테르노필(Ternopil' Obl.)(1995)
출처 : 안드리 나하체브스키(Andriy Nahachewsky)

① 신랑과 신부로 분장한 주인공들, ② 여자로 분장한 남자 신부가 혼례도중 출산을 하는 장면, ③ 출산 후 의사의 부축으로 신생아를 안고 나오는 신부와 신랑, ④ · ⑤ 정상적인 생활로 돌아가려는 하객들을 들것에 넣어 버리려는 모습.

'집시의 축연' 의 기능과 역할

'집시의 축연' 은 그 의례의 성격이나 내용 면에서 매우 경박하고 거칠어 보였기 때문에, 소비에트 시기에는 되도록 혼례에서 이 의례를 첨가하지 않기를 권장하였다. 특히, 신랑, 신부의 부모를 수레나 트랙터에 태워 동네를 끌고 다니다가 강가에 버리는 의례는 지탄의 대상이 되기도 하였다. 이렇듯 소비에트 시기에는 민속 의례를 교육적, 계몽적 차원에서 비판, 금지시키는 일이 많이 있었는데, 애석하게도 '집시의 축연' 과 같은 의례의 내면에 담겨진 깊은 의미가 간과되었던 것이다. '집시의 축연' 은 다음과 같은 기능과 역할을 한 것으로 해석 된다:

첫째, 혼례의 전체 의례 과정을 통해 발생한 긴장감을 완화시켜주며, 적절한 웃음으로서 의례의 심각성을 덜어줌으로써 혼례의 엄중함과 들뜬 축제분위기 사이에서 균형을 이루게 해 준다.

둘째, 신랑과 신부의 부모를 수레에 태워 강가에 버리는 행위는 자식에 대한 부모의 절대적 권한을 뒤집어엎는 의례로서 혼례를 통해 새로운 가정을 꾸리게 될 자녀들이 더 이상 예전처럼 부모에게 복종을 하는 입장에 서 있지 않다는 것을 암시하는 것이다. 따라서 일상에서는 있을 수 없는 부모에 대한 학대나 괄시를 통해 일상의 법칙을 전복시킨 뒤 새롭게 도래할 질서를 맞이한다는 의미가 있는 것이다. 현상적으로 보이는 부모에 대한 괄시의 행위는 실제로 더 큰 존경을 전달하기 위한 한 방법이다. 높은 위치에 있는 사람이 자신을 낮출 경우, 그 사람은 더 많은 존경과 관심을 얻게 된다는 기본적인 원칙이 이 의례에 내재해 있는 것이다. 이는 의례주체의 위치를 고양, 상승시키기 위해서는 먼저 그 주체를 격하시키고 조롱을 하는 의례가 수행된다고 했던 터너(Victor Turner)의 '상승-고양을 위한 의례과정' 의 설명과 일치하는 것이다.[•212]

셋째, '집시의 축연' 이라는 이름에서 집시가 사용된 이유를 되새겨 보면, 집시는 마을 사람들의 입장에서 항상 외부인이며, 집시들은 항상 물건을 훔치거나 방랑을 하는 것으로 여겨져 왔다. '집시의 축연' 에서 집시는 암묵적으로 신부측 집안이나 마을의 사람들을 의미하는 것으로 보인다. 혼례를 통해 신부를 빼앗겨

노동력, 경제적 손실을 얻게 되는 신부측 사람들에게 심리적으로, 물질적으로 보상을 하기 위해 음식의 약탈과 공격을 허용하게 되었고, '집시' 라는 이름을 빌려, 그들의 약탈행위를 정당화시켜 주었던 것이다.[213]

넷째, 남자와 여자의 역할을 바꾸어 옷을 입는 행위는 일상생활에서 발생하는 성의 억압과 혼례 당일 날 요구되는 성적 행위 사이의 갈등을 해소하고, 사회에 내재한 남성과 여성의 불평등한 관계에서 오는 스트레스를 풀어준다는 의미가 있다고 볼 수 있다. 매닝에 따르면, 남녀가 옷을 바꾸어 입는 의례는 혼돈(chaos)의 형태를 보여주는 것으로 혼돈은 바로 "불규칙과 무질서를 가진 장난기가 있고 감각적인 즐거움"[214]이라는 것이다. 사람들은 종종 남녀가 역할을 바꾸고 여장한 남자 신부가 아이를 낳는 것 자체가 풍자적 비난의 대상이며, 이중적 농담(double joke)이라는 것을 알지 못하고 지나친다.[215]

다섯째, '집시의 축연' 에는 풍요로운 농사를 기원하며 자연의 법칙을 존중하는 깊은 의미가 담겨 있다. 신랑과 신부측의 부모를 수레에 태워 물에 빠뜨리거나 불더미 근처에 버려 버리는 행위는 풍요를 기원하는 염원과 관계가 있는 행위이다. '물' 과 '불' 은 농사와 풍요를 의미하는 전형적인 상징 체로서 신랑과 신부측 부모의 희생으로 풍요로운 농사를 기원하는 것으로 해석될 수 있다.[216] 부모를 수레에 태워 보낼 때, 아버지와 어머니를 각각 푸른 잎줄기로 둘둘 감아 꼼짝 못하게 하는데, 푸르른 잎줄기의 사용 또한 풍요로운 농사에 대한 기대와 관련이 있는 것이다. 결국, '집시의 축연' 을 통해 우크라이나인들은 질서와 혼돈을 전복시키면서, 신랑과 신부, 양가의 가족과 마을이 무사히 통합되도록 기원했으며, 더 나아가 자연에도 영향을 주어 풍요로운 농사를 지을 수 있도록 염원을 했던 것이다.

IV.

U K R A I N E

'모의 혼례' (mock wedding)

'모의 혼례'의 유래와 내용

1891년과 1914년 사이에 우크라이나의 서부에 위치한 부코비나와 갈리시아 지역에서 처음으로 우크라이나인들의 캐나다 이민이 시작된 이후에 캐나다에는 현재 전체 인구의 4%를 차지하는 우크라이나 이민자와 그들의 후손들이 살고 있다. 100년 이상의 이민사를 가진 우크라이나인들은 캐나다 전역에 민족 공동체를 형성하면서 자신들의 문화와 정체성을 유지해 나가고 있다. 캐나다 내 우크라이나인들의 혼례는 캐나다의 법, 경제, 사회체제의 변화, 대중문화와 대중매체를 통해 만들어지는 새로운 가치체계의 형성, 그리고 다른 민족 구성원들과의 접촉을 통해 변화, 발전되어왔다. 캐나다 내 우크라이나인들의 혼례에서도 '집시의 축연'과 유사한 의례가 실행되고 있는데, 이를 '모의 혼례'(mock wedding)라고 부른다.

캐나다의 사스카치완주에서 주로 행해지는 우크라이나인들의 '모의 혼례'를 연구한 포티(N. Foty)에 따르면, '모의혼례'의 유래를 직접적으로 '집시의 축연'에서 찾을 수도 있지만, 여기에는 몇 가지 문제점이 제기된다고 한다.[217] 첫째, 캐나다 내의 우크라이나인들은 대부분 서부 우크라이나에서 이주를 해 왔는데, 우크라이나 '집시의 축연'은 주로 중부 우크라이나에서 행해지던 관습이었다는 것이다. 둘째, 캐나다 내 우크라이나인들 사이에서는 '집시의 축연'이라는

'모의 혼례'(mock wedding)
출처 : 나댜 포티(Nadya Foty)

용어가 사용되지 않고 있고, 대부분의 캐나다 우크라이나인들은 tsyhanshchyna 라는 용어에 익숙해 있지 않다는 점이다. 이와 같은 두 가지 이유에서 '집시의 축연'과 '모의 혼례'에는 연관성이 적다는 추론도 나올 수 있는 것이다. 그러나 위의 두 문제점은 다음과 같은 설명으로 반박될 수도 있을 것이다. 첫째, '집시의 축연'이 우크라이나 동부지역의 전통으로 인식이 되어왔으나, 앞에서도 설명하였듯이 최근의 현지조사에 따르면 우크라이나 서부에서도 유사한 전통이 행해지고 있다는 것이다. 이렇게 볼 때, 우크라이나 서부지역의 민속을 연구한 서적들에서 이 전통이 소개되어 있지 않다고 해서 예전부터 이와 같은 전통이 서부지역에 전무했다고 단정 지을 수는 없는 것이다. 이와는 반대로, 100년 전 우크라이나 이민자들이 '집시의 축연'과 유사한 전통을 옮겨와 캐나다에 다른 형태로 발전 시켰다고 추측을 할 수 있는 것이다. 또 다른 추측은 1945년 이후에 우크라이나 중부 지역에서 이민 온 많은 우크라이나 이민자들로부터 우크라이나 서부에서 이민 온 이전의 이민자들이 '집시 축연'의 전통을 배웠을 가능성도 배제할 수 없을 것이다. 우크라이나로부터 유입된 문화를 진정한 우크라이나적인 것으로 생각하는 이전의 교민들과 그들의 자손들에게 '집시 축연'과 같은 독특한 혼례전통은 자신들의 정체성을 표현하기 위한 좋은 수단으로 여겨졌을지도 모른다.

'집시 축연'과 '모의 혼례'의 연관성을 설명하는 두 번째 문제, 즉 '집시'의 용어가 캐나다 내에서는 자취를 감춘 것은 다민족주의를 국가의 이념으로 내세우는 캐나다에서 '집시'와 같은 특정 민족의 이름을 내세울 경우 민족차별의 이미지를 줄 수가 있어, '집시' 용어 사용을 제한했을 가능성이 있다. 이러한 이유에서 '집시의 축연'과는 다른 이름이 사용되었을 수도 있는 것이다.

'집시의 축연'과 '모의 혼례'의 연관성을 찾는데 있어 거론된 문제점에도 불구하고, 두 관습에는 분명 연관성이 있음이 틀림이 없다. 첫째, 두 의례에서 모두 여성과 남성이 역을 바꾸어 옷을 입는 다는 점이며, 둘째, 등장인물로서 하얀 옷을 입고 천이나 스카프로 머리를 묶은, 임신한(남자) 신부가 나온다는 점이다. 셋째, 등장인물들의 풍자적인 행위와 즉흥적 연기도 또한 두 의례의 공통점이다. 마지막으로 넷째, 두 의례가 모두 주로 결혼식 다음날에 행해진다는 점이다. 이러한 공통점들을 고려해 볼 때, 두 의례의 연관성을 부인할 수 없을 것이다.

포티(N. Foty)에 따르면, 캐나다 내 우크라이나 '모의 혼례'의 기원은 아마도 캐나다 대평원에 존재했던 다른 민족의 '모의 혼례' 전통과 우크라이나의 '집시의 축연' 전통이 합쳐져 새로운 형태로 발전했다는 것이다.

1998년 우크라이나 이민자 3세인 제임스와 마샤(가명)의 결혼식에서 있었던 '모의 혼례'를 통해 그 의례의 내용을 알아보자.[218] 제임스와 마샤에 따르면, 보통 결혼식 다음날 '선물 개봉식'을 신부의 부모 집에서 거행하게 되는데, 이날 선물 개봉식과 함께 이 '모의 혼례'가 행해진다고 한다. 신랑, 신부의 친구나 친척으로 구성된 여섯 명의 인물이 등장하는데, 임신한(남자) 신부, 남장을 한(여자) 신랑, 신부의 여자친구, 신랑의 남자친구(보통 지팡이를 든 노인), 혼례를 집

전 할 교회의 신부, 그리고 작은 화동(화녀)이 주요인물들이다. '모의 혼례' 는 보통 신부측 부모 집의 마당에서 행해지는데, 일단 인물들이 등장을 하면, 우스운 복장을 하고 여성 잡지책을 성경 대신 들고 나온 교회 신부가 식을 시작하며, 우습고 바보스러운 질문들을 하면서 결혼 서약을 한다: "당신, 신부는 항상 바닥을 청소하고, 설거지, 빨래를 하며, 여섯 명의 아이를 잘 낳을 수 있겠습니까?" 그러면, 신부(新婦)가 "아니오, 나는 그러기 싫어요"라고 대답을 하다가, 다시 "네"라고 말을 고친다. 그런 뒤 시간이 조금 흘러 혼례 중에 갑자기 신부는 출산을 하게 되고, 등장인물 중 한 사람이 아이를 빼내려고 안간힘을 쓰다가 결국에는 아이를 낳게 되는데, 이때 진짜 아이나 인형을 등장시키지 않고, 붉은 사탕무 한 단을 신부의 배에서 뽑아내게 된다. 이제 결혼식은 축제로 변하면서 신부가 친구들에게 부케를 던지게 되는데, 꽃과 채소로 만들어진 뭉치를 던지게 된다. '모의 혼례' 는 연기에 참여한 인원들과 실제 신랑, 신부와 함께 춤을 추는 것으로 막을 내리게 된다. '모의 혼례' 는 영어와 우크라이나어를 절반씩 섞어서 하게 된다.

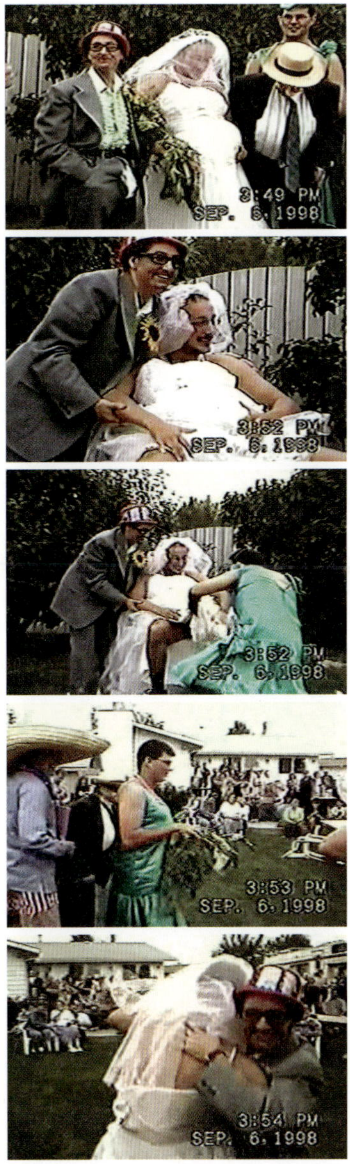

제임스와 마샤(가명)의 혼례 중 – '모의 혼례' (1998)

'모의 혼례'의 기능과 역할

캐나다 우크라이나인들의 '모의 혼례'도 우크라이나 '집시의 축연'과 같이 일상생활의 질서(cosmos/order)와 구조(structure)를 전복시켜, '혼란'(chaos)과 '무질서'(disorder) 혹은 '반구조'(anti-structure)를 만들어 냄으로써, 새로운 질서와 구조를 형성하는 기능을 한다고 볼 수 있다. '무질서'와 '반구조'를 표출함으로써 인간의 현 상황을 풍자하고 상극적인 혼란의 모습을 적나라하게 보여줌으로써 이후에 소개될 일상생활에서의 '새 질서'와 '새 구조'를 강조한다고 볼 수 있다.[219]

이와 더불어 변장과 변신, 성의 역할의 교체 등을 통해 의례에서 오는 긴장감을 해소하면서 또한 사회적 불만과 스트레스를 해소하는 역할을 하고 있다. 의례에 등장하는 사탕무우단은 농사의 풍요와 관계가 있는 상징성으로서 다산, 풍요의 염원을 반영하고 있다.

우크라이나와는 다른 캐나다의 사회 체계 속에서 행해지는 '모의 혼례'는 '집시의 축연'과 거의 같은 의례의 기능을 하고 있다고 볼 수 있다. 다만, 다민족 국가인 캐나다에서 '모의 혼례'는 우크라이나에서는 찾아볼 수 없는 또 다른 기능을 한다고 볼 수 있는데, 그것은 바로 종족정체성(ethnic identity)의 표현이다. 캐나다 내 우크라이나인들은 '모의 혼례'를 통해 우크라이나인들의 결속을 다지고, 자신들의 정체성을 확인하며, 다른 종족들에게는 자신들의 독특한 문화를 표현함으로써 우크라이나인들이 캐나다 내 다른 종족들과는 다른 정체성의 소유자라는 것을 보여주는 것이다.

다민족 국가인 캐나다는 1960~1970년대 '다(민족)문화주의'(multiculturalism)를 내세우면서 소수민족들의 인권과 문화를 보호, 권장하는 정책을 펴갔다. 이러한 정책에 힘입어, 우크라이나 출신의 이민자들은 1960년대 초부터 '민족(종족)의 (문화) 부흥'(ethnic revival)을 실현하기 위해 자신들의 전통문화를 소개하며 자부심을 불어넣으려 하였다. 이러한 과정에서 우크라이나의 민속 요소들은 이민자들과 그 후손들을 우크라이나의 전통에 연결시키는 좋은 도구가 되었다. 이미 사스카치완주에서 오래전부터 가족단위로 작은 규모로 행해지던 '모의 혼례'도 1980년대에 이 지역에 있는 우크라이나 공동체, 특히 모힐라 연구소[220](P. Mohyla Institute)와 몇몇의 우크라이나 합창단에 의해 좀 더 확대된 규모로 발전하게 되었다. 우크라이나 이민자들을 위해 모힐라 연구소는 우크라이나인 정체성을 확립시킬 수 있는 방법을 모색하게 되었으며, 우크라이나의 대표적 상징성들을 만들어 나갔다. 그중 하나가 바로 '모의 혼례'로 교과과정에서 학생들에게 우크라이나의 혼례를 소개하면서 '모의 혼례'를 공연하게 하였다. 이 학교를 졸업한 학생들은 사회로 나가 자신들의 결혼식에서 우크라이나 전통의상을 입고 우크라이나의 상징뿐만 아니라 북미의 대중문화의 상징성들을 함께 사용하면서 이 '모의 혼례'를 전파하게 되었다. 결국 우크라이나와 캐나다의 이중적 정체성을 가진 우크라이나계 캐나다인들은 '모의 혼례'를 통해 자신들 조상의 독특한 문화에 대한 자부심을 나타내며 자신들의 우크라이나 정체성을 표출함으로써 내부적으로는 우크라이나내 공동체의 결속력을 강화시키며, 외부적으로는 독특한 문화의 소유자임을 보여주고 있다.

V.

UKRAINE

전통의 계승과 발전

현대 사회에서 과연 민속 문화가 존재하느냐에 대한 의문이 많은 사람들 사이에 존재할 것이다. 민속 문화를 단지 과거의 잔재 물로 해석한다면, 현대 사회에서 과거문화의 원형을 찾기란 쉽지 않을 것이다. 그러나 민속 문화를 사회의 변화와 함께 변화, 발전해 가는 역동적인 실체로 보았을 때, 항상 우리 곁에서 체험되고 보일 수 있는 것이다.

'집시의 축연' 과 '모의 혼례' 는 바로 현대 사회에서 행해지고 있는 민속 문화의 좋은 예로서, 두 의례의 형태는 비록 시대와 사회에 따라 변화되었음에도 불구하고, 이 두 의례가 담고 있는 내용과 기능은 이미 오래 전 인류의 조상들에 의해 행해졌던 것들과 유사하다고 볼 수 있다. 이 두 의례를 통해 서로 다른 두 대륙에 살고 있는 우크라이나인들이 추구했던 바는 일상의 법칙을 전복시켜 기존의 질서를 무너뜨리고 그 위에 새로운 질서를 무사하게 세우는 것이었다. 의례주체의 위치를 바꾸어 부모나 종교인들을 격하시키고 조롱하기도 하며, 결국에는 다시 그들의 위치를 고양, 상승시킴으로써 새로운 질서를 창출해 낸다. 또한 남과 여의 역할을 바꾸어 일상생활 속에서 있을 수 있는 성적 억압과 혼례 당일 날 요구되는 성적 행위 사이의 갈등을 해소하게 하고, 또한 풍요로운 농사를 기원하며 자연의 법칙을 존중하고 있다.

두 의례가 갖는 차이점을 언급하면, 현재 우크라이나인들의 '집시의 축연' 은 농촌의 마을 단위로 행해지는 반면, 캐나다 우크라이나인들의 '모의 혼례' 는 도시 혹은 농촌에서 혼례 후 의례에 초대된 친구와 친지, 손님들을 중심으로 상대적으로 작은 규모로 우크라이나 공동체 내부에서 행해지는 차이가 있다. 우크라이나의 '집시의 축연'에는 상대적으로 좀 더 거친 모습을 보이는데, 다시 말해 집시의 이름으로 동네를 돌아다니며 닭이나 남의 물건을 훔치고 부수는 행위, 정상적인 생활로 돌아가려는 사람들과 신부, 신랑의 부모를 가마나 수레에 태워 물가나 불가에 버리는 풍습은 우크라이나에서만 행해지며, 캐나다 우크라이나인들 사이에서는 보기 힘든 장면이다. 반면에 캐나다에서 행해지는 '모의 혼례'는 우크라이나의 '집시의 축연'보다 훨씬 더 조직적이며, 계획적이고, 무대공연적인 특성을 지니고 있고, 사용되는 소재에 있어 우크라이나적인 것뿐만 아니라 북미의 대중 문화적 요소(북미의 여성잡지, 의상, 영어) 등도 포함하고 있다. 이렇듯 같은 뿌리에서 시작된 두 의례는 다른 시간적 공간적 경험을 하면서 내용과 형식면에서 차이를 만들며 다르게 발전해 나간 것이다.

이러한 차이에도 불구하고, '집시의 축연'과 '모의 혼례'는 공통적으로 일정한 전통적 특성을 계승한다고 볼 수 있다. 주술적, 마술적, 종교적 염원과 상징성들을 함축한 두 의례는 기존의 질서와 구조, 체계를 부정하면서 혼란을 불러일으키고, 그런 뒤 새로운 질서를 확립한다는 면에서 공통점을 가지고 있다. 두 의례 모두 질서와 혼돈의 전복을 통해 새로운 부부, 가족, 공동체의 형성을 확인하려 하고, 더 나아가 자연의 법칙에 호소하여 농업의 풍요, 다산을 기원하고 있다고 있다는 점에서 전통이 지속되고 있다고 볼 수 있다.

우크라이나는 세계화를 통해 유입되는 서구 문화로 일방적인 동화의 과정을 겪기보다는, 우크라이나에 존재하는 많은 사회적 특성과 변화요인들에 영향을 받으며 다양한 방식으로 정체성 변화를 경험하고 있다. 상징과 영웅, 의례 부분에서 상당부분 서구식 관습을 받아들이는 경우도 있었으나, 반대로 자신의 것에 대한 자각을 불러일으켜 자신의 전통과 고유한 관습을 재발견하려는 모습도 발견되었다. 오늘날 세계화 과정 속에서의 우크라이나 문화 정체성의 형성은 역동적이면서 또한 많은 문제점을 내포하고 있다. 동과 서 사이에서 민주주의의 원리에 바탕을 둔 독자적이며, 독특한 우크라이나의 정체성이 형성될 수 있을지 주목된다.

제7장

세계화시기의 우크라이나 문화

U K R A I N E

UKRAINE

세계화의 의미

1991년 소련의 해체와 함께 우크라이나가 독립되면서 이전의 폐쇄적입장에서 벗어나 세계적 규모의 세계화(globalization) 과정에 동참하게 되었다. 세계화는 세계 국가들이 경제적으로 교류, 통합하는 과정에서 비롯된 것이나, 결국은 정치, 사회, 문화, 통신 등의 측면에서 국가 간 긴밀한 교류와 통합의 관계를 가져온다고 하겠다. 따라서 세계화가 가져오는 파급효과는 단지 경제적 측면에만 있는 것이 아니라, 정치, 사회, 문화 전반에 걸쳐 발생한다고 하겠다. 통신체계의 발달로 인해, 우크라이나 및 새롭게 탄생한 민주주의 국가들은 상품, 기술의 교류뿐만 아니라 정신적, 사회문화적 가치체계의 교류에도 참여하게 되고, 전 세계의 보편적 가치와 민주주의의 영향을 함께 받게 되는 것이다.

제7장은 1991년 이후 세계화의 과정 속에서 우크라이나에 유입된 서구 문화와 가치체계가 새롭게 형성된 독립국가의 정체성 형성에 어떠한 영향을 미치는가에 초점을 두었다. 여기서 말하는 서구는 선진 민주주의 국가들로서 미국을 비롯한 유럽 국가들을 말하며, 문화란 인간이 자연 이외에 만든 "제2의 생활환경"[221]으로 예술, 신앙, 관습뿐만 아니라 기구, 사회 그룹간의 협정, 가치체계를 포괄한다. 과연 세계화는 새롭게 독립한 우크라이나의 정체성 형성에 긍정적인 영향을 미쳐 우크라이나가 새로운 민주주의와 자본주의국가로 변모하게 할 것인가, 아니면 정체성 형성에 혼란을 가져올 것인가에 대해 알아보도록 하자.

정체성은 매우 복잡하며 다면성을 가진 추상적 개념이다. 한 민족의 정체성과 문화는 공유된 역사적 경험과 기억들에 의해 형성이 되는데, 문화 정체성은 어느 그룹 혹은 민족에 속한 개인들의 소속감을 나타낸다. 문화 정체성은 또한 상징과 의미의 체계뿐만 아니라 행위에 대한 기준과 원칙을 공유한 그룹, 민족의 정체성을 말하는 것이다.[222]

민족, 종족, 인종, 성, 사회계급, 종교 정체성 등을 포괄하는 문화 정체성 중에서 가장 영향력 있는 것이 바로 민족 정체성이다. 대부분 사람들은 오늘날 자신들의 삶의 방식과 가치를 보호받기 위해 민족 혹은 문화정체성을 가져야 한다고 교육받고, 의식화 되어가고 있다. 그러나 민족, 문화 정체성은 세계화 과정에서 전파되는 대중문화와 맥도날드와 같은 다국적 기업들에 의해 동질화의 위협을 받고 있는 것이 사실이다.[223] 후기모더니즘의 견해에서 보면, 정체성은 우리가 위치한 현재의 지점에서 우리를 구성하고 소속시키는 일시적 특성[224]을 말한다. 이와 같은 견지에서 보면, 정체성은 고정된 것이 아니며, 항상 변화하는 것이라고 말할 수 있다. 또한 콘젠(Conzen)과 그의 동료들은 공동연구에서 정체성의 형성은 실제 존재하지 않는 것들을 모아놓은 것들이 아니라, 이미 존재하는 공동의 산물이나 문화적 특성, 역사적 기억들을 통합하고, 빌려오며, 증폭시켜서 만들어 나가는 건설 혹은 창조의 과정[225]이라고 보았다. 이상의 설명들을 종합하여 볼 때, 정체성의 문제에 접근하는 우리의 첫 번째 이론적 입장은 바로 정체성을 계속해서 변화해가는 것으로 바라 보아야 한다는 것이다. 또한 우리는 정체성의 형성 과정을 역사적 경험과 기억, 유산들의 복원 및 적용 과정뿐만 아니라, 새로운 창조와 변용의 과정 또한 포함한다는 인식의 입장에서 접근해 보도록 하자.

또 다른 이론적 입장은 바로 벨레이(Belay)가 제시한 문화 정체성의 다섯 가지 특성에 주목하여 우크라이나 문화정체성의 변화를 고찰한 다는 것이다. 벨리이는 다음과 같은 문화정체성의 특성을 나열했다[226]: 일시성(temporality: 특정 역사 시기에 발생하고 시간적 범주에 영향을 받는다), 지역성(territoriality: 특정 지역에서 형성된다), 대조, 대비성(contrastivity: 타그룹과 자그룹 간 차이에 대한 인식, 변화와 지속의 대비를 반영한다), 상호교류성(interactivity: 지속적인 사회적 교류와 관계 속에서 형성된다), 다중성(multiplicity: 개인 혹은 그룹은 다양한 정체성–종족성, 인종, 성, 계급 등)을 동시에 갖는다.

벨레이는 세계화의 영향을 언급하면서 증가하는 민족, 국가 간의 교류와 관계로 인해 민족, 문화정체성도 영향을 받는다고 주장했으며, 이와 같은 여러 민족 간 다양한 문화 정체성의 접촉은 결국 문화 사이 긴장, 충돌과 변환을 발생시킨다고 언급했다.[227] 세계화로 인해 개인, 단체, 혹은 민족들은 경험하지 못했던 상황에 노출되면서 문화적 모호성과 정체성의 혼란을 경험하게 된다. 따라서 이에 대처하기 위해 일부 사람들과 민족들은 새로운 문화로의 통합을 거부하고 배타적으로 자신들의 정체성을 고집하는 경우가 있는가 하면, 반대로 자신들의 일부 정체성을 과감히 버리기도 한다. 우리는 세계화시기 새롭게 형성되는 우크라이나 정체성의 특성을 살펴보고, 우크라이나인들이 어떻게 자아와 타자의 개념을 발전시켜나가는지를 알아보도록 하자.

문화정체성의 변화 : 변화의 역동적 과정과 내용

기어트 호프슈테더(Geert Hfstede)에 따르면, 표현되는 문화는 양파와 같이 여러 겹으로 구성되어 있다고 한다.[228] 사회의 변화와 함께 문화가 변화하게 될 때, 바깥쪽에 있는 문화의 표현 방식부터 빠르게 변화된다고 한다. 따라서 현재의 우크라이나처럼 사회의 체제나 정권이 바뀌면, 우선적으로 그 사회의 상징들(symbols)이 변하게 되고, 이어서 그 사회, 정권이 지향하는 인간상이나 우상, 영웅(heros)들이 바뀌면서 새 정부의 이념적 방향이 제시된다고 한다.

그 다음의 문화적 표현은 바로 의례 혹은 의식(rituals)으로 사회의 약속이자 규범인 행동 규약을 말한다. 가깝게는 개인과 가족 간에 행해지는 식습관, 통과의례와 세시풍속으로부터 직장에서의 비즈니스 관행, 약속, 의례를 포함하며, 더 나아가 정부에서 주도하는 형식적, 공식적 의례 및 기념일도 포함한다.

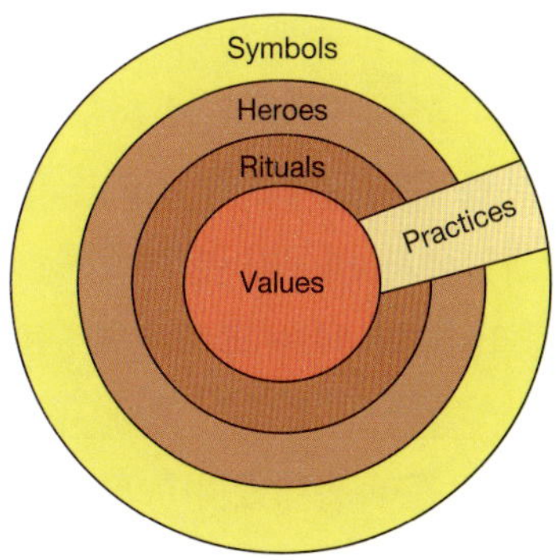

'양파 그림': 문화 표현들의 여러 수준 [229]

문화 표현의 마지막 부분으로 문화의 핵심을 이루는 가치(values)의 변화가 수반된다. 가치체계의 변화는 매우 느리고 어렵게 발생하며, 삶과 가치에 대한 사람들의 관념, 세계관 들이 궁극적으로 변화되는 것을 의미한다. 이러한 문화의 표현들을 통해 사람들은 자신들이 누구인가, 자신들의 정체성이 무엇인가에 대해 설명해 나간다. 여기서는 위에서 제시한 기어트 호프슈테더의 이론에 입각하여, 세계화 현상이 발생한 이후, 우크라이나에서는 문화의 표현이 어떻게 변화해 가고 있는가를 분석해 보고, 이를 통해 우크라이나 문화정체성의 변화를 가늠해 볼 것이다.

상징성의 변화

사회주의의 소멸과 함께 소련시기에 사용되던 상징들은 설 자리를 잃게 되었다. 소련의 상징이었던 '망치와 낫과 별'의 문장을 가진 붉은 색 깃발은 사라지고 이를 대신할 많은 상징들이 등장했는데, 우크라이나의 역사와 관련된 상징으로부터 이전 우크라이나에는 존재하지 않았던 자본주의의 상징들이 출현하였다. 미국 맥도날드 패스트푸드점의 상호가 키예프에 등장하였고, 세계 유수의 기업 상호들이 우크라이나 대도시 곳곳에 그 모습을 드러냈다. 식생활의 영역에서 새로운 상호와 상표를 가진 서구의 음식들이 수입되었고, 새로운 외국음식 식당이 들어섰으며, 의복에 있어서도 유명 브랜드의 상품들이 밀려 들어왔다. 텔레비전과 같은 대중매체를 통해 서구인들의 삶의 모습과 형태가 소개되었고, 서구 대중문화의 상징들이 막힘없이 유입되게 되었다. 외국어 간판이 들어서는가 하면, 일상생활에서 영어식 말투가 등장하기도 했다. 거리에는 현금인출기가 등장을 했고, 언젠가부터 우크라이나인들 사이에 비즈니스카드의 교환이 일반화되기 시작했다. 결국 세계화를 통해 우크라이나에는 전 영역에 걸쳐 서구의 상징들이 물밀듯이 흘러 들어왔다고 말할 수 있다.

자본주의의 상징들이 유입되는 정도를 보았을 때 과히 놀랄 만하지만, 이러한 현상이 결코 우크라이나의 문화가 일방적으로 서구화된다는 것을 의미하지는 않는다. 우크라이나의 개개인들 사이에 염려와 반성의 소리가 나오기 시작했으며, 소련시기의 상징들과 자본주의 상징들을 대신할 자체적이며, 고유한 상징을 찾으려는 노력을 불러일으키기도 했다.

서구문화의 대표적 상징인 맥도날드의 상표는 이미 키예프에 소개된 지 오래다. 이미 수많은 점포를 갖고 있는 맥도날드는 서구식 입맛과 더불어 패스트푸드에 대한 개념과 서비스도 함께 전달했으며, 또한 우크라이나식 패스트푸드점의 출현을 자극했다. 사진 3, 4, 5에서 소개된 "ukrains'ki stravy – puzata hata (우크라이나 음식 – 항아리모양의 '배불뚝이 집')"은 우크라이나 전통 식당으로

사진 1. 키예프 독립광장앞 맥도날드매장내부

사진 2. 독립광장지하상가

사진 3. 키예프 포딜(Podil')의 '푸자타 하타' 지점

사진 4. 식당내부

사진 5. 전통 우크라이나음식

사진 6. 우크라이나 유제품회사 광고

사진 7. 우크라이나 타이어회사 광고

사진 8. 담배회사 광고 "우리는 변한다" [230]

음식과 실내 디자인, 종업원들의 옷차림 등에서 모두 전통을 고집하며 맥도날드에 도전장을 제시했다.

이와 같은 예들은 상업적 광고에서도 발견된다. 한정된 공간 내에 가장 효과적으로 의사를 전달해야 하기 때문에 가장 적절한 상징과 압축된 문구를 사용하여야 한다. 사진 6번에서 우크라이나 여인이 우크라이나의 자연을 배경으로 우크라이나산 우유를 소개하고 있다.

서구로부터 밀려들어온 수입 유제품들에 의해 타격을 받았던 국내 유제품업체가 반격에 나서며 국내 생산 제품들이 훨씬 더 '자연적이며,' '깨끗하고' 또한 '건강한' 제품임을 강조하고, "당신의 건강을 위해 국내의 제품을" 소비할 것을 설득하고 있다. 이와 유사한 광고로 사진 7번은 "우리의 길에는 우리의 타이어를"이라는 문구를 사용하면서, 모든 우크라이나인들에 친숙한 우크라이나의 도로를 상징적으로 보여주며, 거친 우크라이나의 길에는 특별히 강하게 만든 우크라이나산 타이어가 제격이라는 문구를 만들고 있다. 자본주의 물결이 밀려들면서 생겨난 광고는 처음에는 외국의 상품을 소개하고 외국 광고 스타일을 따르는 경향이 있었으나, 곧이어 외국산에 상대하는 우크라이나 자체의 제품과 브랜드, 광고 문구를 개발하는 노력으로 이어졌으며, 이러한 것들은 우크라이나 문화를 대변하고 보호하는 의미의 상징으로 이용되고 있다. 사진 8번의 광고 문구 'my zminylys'!' (우리는 변한다)가 의미하는 것처럼, 현재 우크라이나의 상징들은 변화를 겪고 있는 것이다.

개인과 사기업들 차원에서뿐만 아니라 정부의 차원에서도 상징은 매우 중요한 의미를 지녔다. 우크라이나 정부는 세계화의 메커니즘을 이용해 국내뿐만 아니라, 국외로 자신들의 새로운 정체성을 선전하려 노력하게 되는데, 소련의 붕괴로 지난 상징들이 더 이상 독립된 우크라이나 현실에 맞지 않고 사라지게 되자, 그 빈 공간들을 채워 넣을 상징들을 찾아내야 했다. 우크라이나 독립의 정당성과 역사의 연속성을 보여주면서, 밝은 비전을 제시할 상징들을 찾아야 했다. 이러한 목적의 상징들은 특히 우표를 통해 잘 나타났는데, 우크라이나가 독립한 이후부터 1998년 사이에 출판된 우표를 관찰해 보면, 우표를 통해 우크라이나 정부는 특히 다음의 사실들을 강조하려 했던 것으로 추정 된다.[231] 즉, 우크라이나는 더 이상 러시아의 일부가 아니며, 러시아와는 독립적으로 선사시대부터 발전해온 역사 민족이라는 것이다. 우크라이나는 선사시대로부터 현재에 이르는 유구한 역사를 지니며, 키예프 루시(Kyiv Rus)의 정당한 후계자로서 갈리시아-볼런 공국(Galicia-Volyn Principality), 코자크 시대를 거쳐 현대 우크라이나로 이어졌음을 강조하였다. 선사시대의 트리필리안(Trypillian) 유적지와 유물들,

키예프 루시 공후들과 유적지, 옛 공국들의 문장, 코자크의 유물과 헤트만들(Hetmans), 우크라이나의 역사적 수난들(독일군의 침략전, 대기근, 체르노빌 등)을 우표를 통해 소개함으로써 우크라이나 민족주의 역사관을 대내외적으로 공식화 해갔다.

이와 같은 노력은 우크라이나 화폐에도 나타나는데, 과거 키예프 루시의 화폐단위였던 흐리브냐(hryvnia)를 현 우크라이나의 화폐단위로 사용함으로써 역사의 연속성을 다시 한 번 강조하였다. 또한 화폐나 주화에 키예프 루시 시대의 문장이나 공후들의 모습을 새겨 사용하였다.[232] 화폐와 더불어 우크라이나 고유 문화상징의 주요 소재로 자주 쓰이는 것이 바로 민속이다. 우크라이나 전통 의식주와 의례, 생활관습과 관련된 모든 소재들이 우표를 통해 새롭게 태어나고 있으며, 앞에서도 언급했듯이 애국심과 국산품에 대한 애용을 부추기기 위해 상품과 비즈니스 로고로도 많이 사용된다. 위에서 소개한 우크라이나 식당 "puzata hata" (항아리모양의 '배불뚝한 집')도 우크라이나 전통가옥을 현대적 감각으로 변형하여 상표로 사용하고 있다.

사진 9. "puzata khata"의 로고
– 우크라이나 전통가옥

결국 세계화의 영향을 받으면서 다음의 세 가지 방향으로 우크라이나 상징성들이 변화를 하게 된다: 첫째, 서구 문화의 유입으로 우크라이나 사회의 모든 영역에서 서구 문화, 특히 자본주의의 상징성들이 폭넓게 받아들여지고 있다. 둘째, 자본주의 상징들의 유입은 또한 우크라이나의 특성을 담은 고유한 상징의 개발을 촉진하게 되었다. 셋째, 우크라이나 정부는 새로운 상징성들을 역사 속에

사진 10. 우크라이나 민속시리즈 - 전통 혼례용 머리장식(2007.8.8 출판)

사진 11. 우크라이나 민속 시리즈 – 전통의복(2007.12.22)

사진 12. 우크라이나 민속 시리즈 – 전통가옥(2007.10.1)

서 발굴, 개발, 변형시켜 우크라이나 정부의 정당성과 역사의 연속성, 문화의 우수성을 선전하는데 사용하게 되었다. 이를 통해 우크라이나 정부는 한편으로 국민들에게 새로운 민족정체성을 부여하고, 다른 한편으로는 이를 세계에 소개하여 우크라이나의 역사성과 정당성을 인정받으려 하고 있다.

영웅의 변화

사회주의의 붕괴와 함께 기존에 영웅시 되던 인물들은 사라지게 되었다. 레닌과 스탈린의 동상들이 제거되었고, 이와 반대로 우크라이나의 독립과 민족주의를 위해 싸웠던 인물들의 동상들이 세워지게 되었다.[233] 특히 이 과정은 정부 주도하에 이루어지게 되는데, 이는 과거 역사에 대한 재해석의 과정이며, 미래에 대한 방향 제시의 과정이기도 하다.

상징의 변화에서도 언급했듯이, 우크라이나 정부는 상징들의 변화를 통해 우크라이나 역사의 연속성과 정당성을 확인받으려 했다. 우크라이나와 러시아는 역사의 출발점이 같다는 이유로 누가 키예프 루시의 정당한 계승자인가라는 문제를 가지고 날카롭게 대립해왔다. 정치, 법, 종교적 측면에서 러시아는 항상 키예프 루시의 전통을 계승한 정당한 계승자로서 이해되어 왔다. 그러나 독립 이후 우크라이나 정부는 우크라이나도 키예프 루시의 정당한 후계자임을 강조하고, 우크라이나가 소련의 해체라는 사건으로 우연의 일치로 형성된 국가가 아님을 보여주려 했다. 따라서 우크라이나 정부는 키예프 루시 시기를 우크라이나 역사의 일부로 해석하면서 역사의 연속성을 보여주기 위한 노력의 일환으로 역사서를 재 서술하고, 키예프 루시 시기 공후들의 모습을 우표, 화폐 등에 삽입하며, 그들의 동상을 건립했다.

현재 우크라이나에서 사용되는 화폐에 새겨진 인물들을 통해 우크라이나에서 중요시 되는 인물들을 알아보자. 우크라이나에는 현재 9가지의 화폐가 통용이 되고 있다.

□■ 우크라이나에서 사용되는 화폐에 새겨진 우크라이나에서 중요시 되는 인물

화폐속의 인물	가치	인물소개
볼로디미르 대공(Volodymyr the Great)	1 흐리브냐	● 키예프 루시 공후 ● 기독교수용
야로슬라브 공후(Yaroslav the Wise)	2 흐리브냐	● 키예프 루시 공후 ● 최초의 법전편찬 ● 루시 최고의 번성기
보흐단 흐멜니쯔키(Bohdan Khmelnytsky)	5 흐리브냐	● 코자크 헤트만 ● 국가형태로 발전시킴
이반 마제파(Ivan Mazepa)	10 흐리브냐	● 코자크 헤트만 ● 탈러시아를 위한 투쟁
이반 프랑코(Ivan Franko)	20 흐리브냐	● 19세기 문인 ● 민족주의 시인/문인
미하일 흐루쉐브스키(Mykhailo Hrushevsky)	50 흐리브냐	● 19세기 역사가 ● 초대 우크라이나 대통령 ● 우크라이나사관 정립 및 우크라이나 역사전집 집필
타라스 쉐브첸코(Taras Shevchenko)	100 흐리브냐	● 19세기 민족시인/미술가 ● 우크라이나어의 문어체화 ● 민족주의사상의 확산
레샤 우크라인카(Lesya Ukrainka)	200 흐리브냐	● 19세기 민족시인/문인 ● 짜리즘에 반대한 대표적 여성작가 ● 티모쉔코의 머리스타일에 영감을 준 인물
흐레호리이 스코보로다(Hryhoriy Skovoroda)	500 흐리브냐	● 18세기 철학자 ● 우크라이나 근대사상의 아버지

□■ 사진 13. 미하일 흐루쉐브시키

□■ 사진 14. 레샤 우크라인카

위의 표에서 보듯이 화폐에서 대표되는 인물들은 키예프 루시의 공후(2인), 코자크의 헤트만(2인), 그리고 민족주의 시인, 문인, 역사가, 철학자(6인)들로 대표된다. 특히 19세기 러시아의 짜리즘에 반대하고 우크라이나가 러시아와 다른 민족임을 주장했던 민족주의자 지식인들에 대한 강조가 눈에 띠게 늘었음을 확인할 수 있다. 이들의 상징은 정부와 교육기관 등에 의해 의도적으로 우상화되고 있으며, 화폐, 우표, 동상, 기념행사, 축일 등을 통해 계속해서 강조, 부각되고 있다.

위의 인물들 중 특히 코자크는 키예프 루시의 역사와 현대사를 이어주는 중요한 매개자로 인식되고 있다. 우크라이나 정부와 민족주의자들은 코자크를 독립한 우크라이나인들의 직접적인 조상으로 간주하며, 현대 우크라이나인들이 지향해야 할 인간상으로 강조하고 있다. 이러한 경향은 우크라이나의 국가(国歌)에 잘 반영되어 있는데, 국가는 세 번에 걸쳐 우크라이나인들을 코자크의 동지와 형제들(brattia)로 묘사하고 있으며, 결국 마지막에는 "코자크족"임을 세계에 보여주자는 표현으로 노래를 끝내고 있다. 결국 이 예는 정부의 입장에서 우크라이나인들이 지향해야하는 인간형이 바로 코자크임을 분명히 보여주는 것이다.

우크라이나는 아직 죽지 않았다(Ще не вмерла України)

Ще не вмерла України ні слава, ні воля,
Ще нам, браття молодії, усміхнеться доля.
Згинуть наші вороженьки, як роса на сонці.
Запануєм і ми, браття, у своїй сторонці.

후렴

Душу й тіло ми положим за нашу свободу,
І покажем, що ми, браття, козацького роду.(2번 반복)

〈한국어 번역〉

우크라이나의 영광과 자유는 아직 죽어 사라지지 않았다.
형제들이여, 운명은 우리들에게 미소 짓고 있다.

사진 15. 미하일 흐루쉐브스키

우리의 적들은 아침 태양의 이슬처럼 사라지리라,
그리고 형제들이여, 우리는 우리 자신의 자유로운 땅에서 지배하게 되리라.

후렴

우리의 자유를 위하여, 우리 몸과 영혼을 바치자,
그리고 형제들이여, 우리가 코자크족임을 보여주자. (2번 반복)

그렇다면 대중문화의 영역에서는 어떠한 인물들이 영웅들로 내세워지고 있는가? 과연 얼마나 많은 사람들이 자신을 키예프 루시의 공후들 및 코자크와 연계를 지어 생각하고 있을까? 역사에 대한 자긍심과 민족애로 키예프 루시의 공후들과 코자크에 대한 영웅심이 실제로 우크라이나인들의 마음 한구석에 자리 잡고 있을지도 모른다. 그러나 실제 현실 속에서는 좀 더 구체적이며 살아있는 인물들이 영웅시되곤 한다. 세계화의 과정으로 서구의 대중문화가 유입되면서 탄생한 소위 '스타'들이 젊은이들의 우상이 되곤 하며, 그들의 우상은 우크라이나라는 테두리 내에서만 존재하는 것이 아니라, 전 세계 속에서 광범위하게 찾아지고 있다. 유명한 배우, 운동선수, 모델, 가수, 변호사, 의사 등등 모든 직업 분야의 인물들이 개개인의 영웅으로서 등장하게 되었다. 이는 인류 보편적인 직업 선택의 자유가 우크라이나 사회에 인식이 되고 있음을 말해주는 것이다. 문제는 우크라이나 사회가 법적으로 개인들에게 얼마나 공정하고 평등한 방법으로 직업과 기회를 선택할 자유를 제공해 주느냐 인데, 이 문제는 "우크라이나 사회의 가치체계가 얼마나 변화되고 민주주의가 실현되고 있는가?"의 문제와 관련이 있는 것이다.

의례의 변화

소련의 붕괴와 함께 그동안 사회적으로 약속되었던 행동과 의례의 양식이 변하게 되었다. 한 사회의 구성원들은 이미 약속된 행동양식인 의례를 통해 자신들이 누구이며, 무엇을 추구하는지를 보여주게 된다. 이미 제4장에서 논의했듯이, 의례문화의 중요 요소 중의 하나인 국가의 공휴일과 기념일의 고찰을 통해 우크라이나에서 행해지고 있는 의례의 변화를 확인할 수 있는데, 우크라이나의 독립 이후 발생한 축일과 기념일 의례문화의 변화에는 다음과 같은 특징적 요소가 있다: 첫째, 소연방 시기에 중요시 되었던 몇몇 축일, 기념일 및 의례들이 생명력을 다하고 새로운 행사로 대치되었다. 둘째, 기존에 존재하지 않았던 새로운 축일과 의례들이 소개되고 있다. 셋째, 독립 이전에는 활성화되지 못했던 종교 및 민속 기념일들과 의례들이 부활하기 시작했다. 넷째, 정부는 축일과 기념일들의 소개를 통해 새로운 민족/국가정체성의 건설을 도모하고 있다. 다섯째, 상기한 과정을 통해 우크라이나 의례문화는 더 이상 단색의 사회주의적 의례체계 속에 머물지 않고, 개인, 가정, 사회, 국가적 차원에서 다양하게 변화, 발전하고 있다.

앞의 제4장 '축일과 기념일'에서 설명했듯이, 1991년 이후 우크라이나 정부는 민족정체성을 확립하고 새로운 국가를 건설하기 위해 국민들에게 통치 이념과 방향을 제시해야 했으며, 이를 위해 축일과 기념일 등을 이용해 왔다. 우크라이나 정부는 기존의 사회주의적 축일과 기념일을 없애고 새로운 통치 이념을 반영하는 의례들을 만들었으며, 이를 통해 과거사의 문제를 청산하고 국가 내에 존재하는 분열의 문제를 해결하고 새로운 비전을 제시하려 했다. 축일과 기념일, 의례 연구를 통해 우리는 다음과 같은 사실을 알 수 있는데, 첫째, 축일과 기념일 의례들은 시대와 체제의 변화와 함께 새롭게 변화하는 문화적 실체이다. 둘째, 소련의 붕괴 이후에도 과거의 의례 문화는 완전히 사라지지 않았으며, 일정 정도 과거와 현재 의례와의 공존이 이루어지고 있다. 마지막으로 정부에 의해 소개된 새로운 의례는 새로운 우크라이나 민족정체성을 형성하는 기능을 부여받았다. 그러나 그와 같은 의도가 새로운 축일과 기념일들을 통해 얼마나 대중들에게 전달이 되었으며, 대중들이 얼마나 호응을 해 가게 되었느냐는 다른 문제이다. 따라서 정부주도의 의례문화의 형성과 민간 층에서 행해지는 실제 축일과 기념문화 간의 관계와 괴리의 정도를 연구한다면 정부에서 주도해 나가는 민족정체성의 형성이 얼마나 실효를 거두고 있는지를 파악하는데 도움을 줄 수 있을 것이다.

세계화 과정에 편입된 이후 우크라이나의 의례는 단조로운 사회주의적 색채로부터 다양한 색채로의 변화를 경험하게 되었다고 할 수 있다. 우크라이나 의례의 변화는 상당히 광범위해서 위에서 설명한 국가적 기념일과 세시풍속, 종교의례뿐만 아니라, 개인 간 또는 그룹 간의 행동양식도 포함하게 된다. 학교, 관공서, 병원, 비즈니스 회사 등에서 사람을 대하는 법, 인사하는 법, 일을 처리하는 법 등 모든 행동양식과 규범이 연구의 대상이 될 수 있는데, 이 부분에 대한 광범위하면서도 구체적인 연구가 필요하다.

가치체계의 변화

기어트 호프슈테더는 위에서 설명한 상징, 영웅, 그리고 의례부분을 통틀어 관행(practice)이라고 했으며, 이 부분에 대한 변화는 가시적이며 쉽게 관찰될 수 있다고 했다. 이와는 달리 문화 표현의 핵심을 이루는 가치체계는 추상적 개념으로 상기한 문화의 표현과는 달리 쉽게 측정되기 어렵다고 했다. 가치라 함은 사물과 사건에 대한 인간의 사고와 세계관을 반영하는 것으로 선과 악, 깨끗함과 더러움, 아름다움과 추함, 정상과 비정상, 논리성과 비논리성 등에 대한 인간의 생각과 행동양식을 반영한다.

그렇다면 우크라이나인들은 어떠한 가치체계를 가져왔는가? 19세기 우크라이나 지식인들은 민족정체성을 정의하기 위해 우크라이나인들에게 공통적으로 내재하면서, 우크라이나인들을 다른 민족들과 구별시키는 가치체계, 세계관 혹은 문화적 특징 등에 주목을 했었다. 민족 구성원의 가체체계와 문화적 특성은 바로 민족 정체성의 근간을 이루는 것으로 우크라이나 민족의 관습, 가치, 믿음, 전통을 포함하여 언어, 종교, 예술 등에 내재되어 있다고 믿었다. 19세기서부터 우크라이나의 지식인들은 러시아 학자들의 공식적인 역사관이었던 모든 동슬라브족(대러시아인, 우크라이나인, 벨라루시인)에 공통적이며 유일한 '全 러시아의 역사' 라는 관점에 전면적으로 문제를 제기하면서 우크라이나인들의 독자적인 정치 및 문화발전론을 제기하게 되었다. 러시아와는 다른 역사적 발전경로를 경험하면서 우크라이나인들은 다음과 같은 독자적인 가치체계와 문화적 특성을 갖게 되었다고 주장하였는데, 슈만(Stephen Shulman)은 다음과 같은 다섯 개의 문화적 특성을 토대로 우크라이나인들의 가치체계에 대해 설명하였다.[234]

1) 개인주의(Individualism)
2) 자유와 민주주의에 대한 사랑
3) 대지(大地)와 민속 문화에 대한 사랑
4) 감성주의(emotionalism)/낭만주의(romanticism)
5) 타민족에 대한 관용과 인내

위에 나열한 다섯 가지의 문화적 특성이 어떠한 구체적 내용을 가졌으며, 객관적인 사실인가를 밝히는 것은 이 글의 목적이 아니며, 이는 다른 범주의 연구가 될 것이다. 다만 여기에서는 우크라이나 민족 정체성의 형성과정에서 문화적 토대를 이루는 가치체계의 항목을 소개하려는 것이다. 위에 언급한 다섯 가지의 특성은 우크라이나 민족주의 학자들 및 엘리트들에 의해 19세기 이후부터 우크라이나의 민속 문화와 엘리트 문화 속에서 찾아 졌으며, 우크라이나인들에게 공통적으로 발견되는 문화적 특성이며, 무의식 세계 속에서 표출되는 문화적 표현으로 설명되어왔다. 이와 같은 내용들은 1991년 우크라이나의 독립 이후 민족주의자와 정부에 의해 받아들여져 새로운 우크라이나 민족정체성 형성을 위한 토대로 사용되고 있다. 그런데 상기한 다섯 개의 문화적 특성들 속에서는 몇 가지 경향들이 숨어있다.

첫째, 우크라이나의 문화적 특성들은 러시아와의 관계 속에서 양 종족 그룹 사이의 문화적 차별성을 강조하는 내용들로 구성이 되었다. 예를 들어 우크라이나인들은 개인주의적 성향을 가진 반면, 러시아인들은 집단주의적 성향을 가졌다고 비교되었다.

둘째, 우크라이나의 문화적 특성들은 우크라이나 문화가 유럽문화의 일부임을 강조하는 내용들로 구성이 되었다. 특히 문화의 자유주의적, 민주주의적 요소는 서방의 전통을 이은 것으로 해석되었는데, 이는 키예프 루시가 서방국가와 정치, 사회적으로 관계를 유지하면서 영향을 받아왔고, 그리고 서방의 인본주의, 르네상스, 종교개혁 등의 영향을 받으면서 자연스럽게 유럽문화권에 속하게 되었다는 것이다. 특히 유럽에 속하는 폴란드의 오랜 지배로 우크라이나도 유럽의 일부가 되었다고 해석하고 있다.[235] 이와 같은 특성은 우크라이나를 러시아와 다르게 만드는 중요한 요소라고 여겨졌다.

그렇다면 19세기 이후 우크라이나 지식인들이 정의내린 우크라이나 민족의 자유와 민주주의 가치체계는 과연 1991년 독립 이후 서구 문화의 유입에 따라 어떻게 발전, 변화 되어 왔는지 의문이 제기된다.

서구의 민주주의 가치는 '정치 행위, 경제생활, 사회적 활동, 믿음에 있어서의 자유'[236]를 의미하게 되는데, 이와 같은 보편적인 민주주의의 가치가 과연 존재하는가는 민주주의적 가치체계를 가능하게 하는 사회적 조건들의 존재 여부를 통해 간접적으로 파악 될 수 있다. 그 이유는 일정한 법적 제도와 기구, 경제구조와 경제 관계, 시민사회 등이 없이는 '인간의 자유'가 보장 받기 어려우며, 그러한 상황에서 민주주의 가치가 실현되기 어렵기 때문이다. 따라서 우크라이나에서 가치체계의 변화가 있느냐의 문제는 결국 간접적으로 민주주주의 가치체계를 보장할 수 있는 제반 사회구조가 변화하고 있느냐를 통해 파악될 수 있다.

세계화 과정을 통해 유입된 서구의 문화와 가치체계는 오렌지 혁명 이전까지 양적인 변화는 가져왔으나, 질적인 변화는 크게 가져오지 못한 것으로 보이며, 오히려 부정적인 측면들도 나타난 것으로 보고되었다. 예를 들어 2004년 11월 오렌지혁명 이전까지 거의 모든 방송매체는 소수 과두재벌 혹은 올리가르히(oligarches)들에 의해 강력히 통제되었다. 정부는 방송사의 운영에 직접적으로 개입을 했으며, 'tymnyky'로 알려진 보도를 위한 지침서를 발행하여 언론검열을 감행했다.[237]

사진 16. 우크라이나의 올리가르히들

2000년도에는 우크라이나 프라브다(Ukrains'ka Pravda)의 창시자이자 리더인 우크라이나 저널리스트 곤가제(Georgiy Gongadze)가 유괴를 당한 뒤 살해되는 사건이 발생했는데, 당시의 대통령인 쿠츠마에 의해 지시된 것으로 추측되기

사진 17. 게오르기 곤가제

사진 18. 2007년 9월 24일 제7차 곤가제사망 추모식

도 했다.[238] 또 다른 사회문제로는 부정부패(corruption)를 들 수 있는데, 'Transparency International'의 2004 'Corruption Perceptions Index'에 따르면 우크라이나는 부정부패의 심각한 정도에 있어 146개 국가 중 122위를 차지하였다. 또한 유럽 전역으로 퍼져있는 이주노동자 문제, 인신매매(human trafficking)와 장기판매, 에이즈의 확산 등은 세계화의 또 다른 부작용으로 받아들여지고 있다.

이러한 우크라이나 사회의 문제점에도 불구하고, 서구 문화의 유입은 일정 정도 긍정적인 역할을 하며 사회의 변화를 예견하기도 했다. 곤가제의 살해 사건은 우크라이나에서 인터넷에 대한 관심을 극대화시키는 역할을 했는데, 다른 매체와는 달리 인터넷은 정부의 언론검열로부터 자유로운 영역으로 많은 우크라이나인들의 참여를 이끌어냈다. 일명 쿠츠마 게이트로 불리는 곤가제 살해사건이 있었던 2000-2002년 사이에 인터넷 사용자수가 30~40% 증가했고, 매달 평균 5~10% 증가율을 보였다고 한다. 이러한 인터넷 사용자의 증가는 정부의 검열에서 벗어나 사실적 정보를 공유할 수 있다는 의미뿐만 아니라, 온라인상에서 "우리"와 "그들"을 구분 지으면서 우크라이나인들 사이에 민족정체성을 확인해 갈 수 있게 했다.[239] 2008년 현재 우크라이나는 인터넷 사용수에 있어 전 세계의 64번째의 위치에 있다고 한다. 작년의 경우 사용자의 수에 있어 매달 10~20%

증가했다고 보는데, 전문가들은 조만간 우크라이나가 인터넷의 사용자 수에 있어 유럽을 따라 잡을 것으로 전망하고 있다.[240]

세계화의 또 다른 긍정적인 예는 NGO의 활동이다. 비록 우크라이나의 NGO들은 여전히 자금 면에 있어 독립적이지 못하며, 영세하고, 등록이 되어있으나 활동을 하지 않는 기구들이 많다. 그러나 NGO 기구의 활동은 바로 시민사회건설의 첫 걸음을 제공하는 것으로, 토크빌이 말했듯이, "시민 연합은 ... 정치 연합을 촉진시킨다. 그렇지만 반대로 정치 연합은 사회의 목표를 달성하기 위한 시민 연합들의 힘을 크게 강화시키고 증진시킨다."[241] 다시 말해서 시민들에 의한 정치적 참여 없이는 의미 있는 시민 사회란 존재하지 않는다는 말이다. 결국 NGO를 통해 우크라이나인들은 정치적 참여를 시작하게 되는 것이다. 2004년 11월 오렌지 혁명은 바로 이와 같은 NGO들의 활동에 힘입어 성공할 수 있었던 것이다. 많은 사회적 문제에도 불구하고 우크라이나는 2007년, 2008년 Freedom House에 의해 자유국가로 선정되었는데, 구소련으로부터 독립한 국가들 중 발트 3국과 우크르이나를 제외하고는 어느 국가도 자유국가로 선정되지 못했다는 점에서 이번 결과는 매우 의의가 크다고 하겠다. 많은 문제점들을 가졌음에도 불구하고 우크라이나는 점진적으로 자유민주주의체제로 조심스럽게 다가가고 있는 것으로

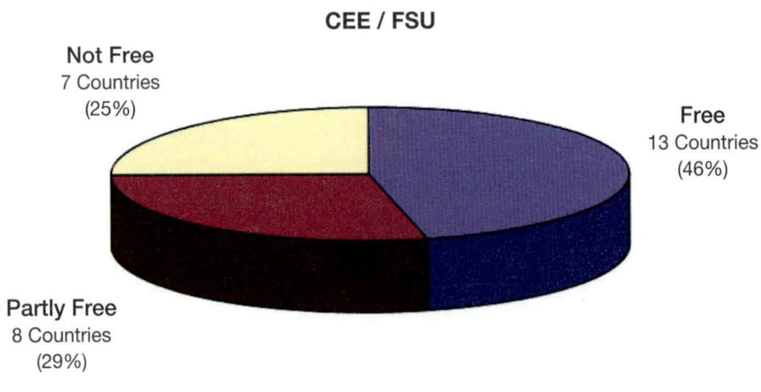

2008년 중동부유럽 및 구소련국가들의 자유/비자유국가 구분도.
Freedom House의 "Freedom in the World 2008"에서 인용

□■ 구소련 국가들의 자유/비자유 국가 조사표*

번호	국가	정치권한 (Political Rights)	사회적 자유 (Civic Liberties)	순위 (Freedom Rating)
1	러시아	6	5	Not Free
2	우크라이나	3	3	Free
3	벨라루시	7	6	Not Free
4	에스토니아	1	1	Free
5	리투아니아	1	1	Free
6	라트비아	2	1	Free
7	그루지아	4	4	Partly Free
8	아르메니아	5	4	Partly Free
9	아제르바이잔	6	5	Not Free
10	몰도바	3	4	Partly Free
11	키르키즈스탄	5	4	Partly Free
12	타지크스탄	6	5	Not Free
13	카자흐스탄	6	5	Not Free
14	우즈베키스탄	7	7	Not Free
15	투르크스탄	7	7	Not Free

*점수분포는 1에서 7까지이며, 1로 갈수록 자유의 순위가 높은 것이다. 본 표는 Freedom House(2008)에서 제작된 "Freedom in the World 2008"에서 인용.

파악이 된다.

사실상 서구 문화의 유입에 따른 우크라이나 가치체계의 변화는 앞서 설명한 상징, 의례, 영웅 등의 변화보다 훨씬 설명하기 어렵다. 이에 대한 많은 이유 중 하나는 바로 가치체계가 갖는 추상성 때문일 것이며, 가치체계의 변화는 장시간에 걸쳐 매우 느리게 발생하기 때문일 것이다. 따라서 가치체계의 변화에 대한 보다 정확한 설명은 장기간의 연구를 통해 가능할 것이다. 다만 위에 언급한 우크라이나인들의 다섯 가지 가치체계 혹은 문화적 특성이 1991년 이후 우크라이나인들에게 과연 공감이 되고 있는지, 그래서 우크라이나 문화정체성의 근간을 이루고 있는지를 살펴볼 수 있을 것이다. 이를 통해 1991년 이후 우크라이나인들은 가치체계의 통일성을 만들어가고 있는지, 아니면 분열의 상태에 놓여 있는지 파악할 수 있을 것이다.

슈만은 우크라이나의 서부 르비브시와 동부 도네츠크시[242]에 사는 엘리트 약 1,000명에게 다음과 같은 질문을 던졌다:

질문) 아래 제시된 그룹들 사이 문화, 언어, 사고방식이 얼마나 다르다고 생각하십니까?

가) 우크라이나의 우크라이나인들 vs 러시아의 러시아인들

나) 우크라이나의 우크라이나인들 vs 폴란드의 폴란드인들

다) 서부 우크라이나의 우크라이나인들 vs 중부 우크라이나의 우크라이나인들

라) 서부 우크라이나의 우크라이나인들 vs 돈바스의 러시아인들

마) 돈바스의 러시아인들 vs 러시아의 러시아인들

응답자의 반응은 다음의 수치로 표시된다.

1	2	3	4	5	6	7
완전히 다름	매우 많이 다름	많이 다름	반/반	많이 같음	매우 많이 같음	완전히 같음

□■ 종족 그룹간 문화적 유사성에 대한 우크라이나 엘리트들의 견해

문화적 유사성	도네츠크 (477명)	르비브 (475명)	% 도네츠크		% 르비브	
			1 or 2	6 or 7	1 or 2	6 or 7
가)	5.0	2.8	3	37	58	4
나)	3.1	3.1	30	3	36	3
다)	4.2	4.6	10	10	8	30
라)	2.8	2.3	46	46	59	2
마)	5.6	4.6	3	60	8	30

위의 설문조사는 다음과 같은 사항을 시사하고 있다.

첫째, 우크라이나 지역 간, 특히 동서 간의 문화적 통일성 혹은 동질감이 매우 약함을 보여주고 있다.

둘째, 19세기 우크라이나 민족주의학자들이 주장했던 러시아인들과 우크라이나인들 사이의 가치체계 및 민족적 특성의 차이는 실제 르비브 지역에서는 긍정적(2.8)으로 받아들여지지만, 도네츠크 지역에서는 수용되지 않는 것(5.0)으로 보인다.

셋째, 양 지역의 엘리트층은 우크라이나 동부 돈바스의 문화가 서부 우크라이나 문화보다 오히려 러시아 문화에 가깝다고 동의하고 있다.

위의 설문조사에서 슈만은 양 지역의 엘리트층에게 과연 돈바스와 서부 우크라이나 문화가 각기 서구(유럽)적인가에 대해 물었다. 결과적으로 양 지역 엘리트들 모두 "돈바스의 문화는 서구적이지 않다"고 응답했다. 이에 반해 서부 우크라이나의 문화에 대해 도네츠크 엘리트들은 "어느 정도 그렇다"라고 응답했고 르비브 엘리트들은 "기본적으로 동의 한다"라고 응답했다고 한다.

위의 결과물들을 통해 우크라이나에는 국민들 내에 공통적으로 공유되는 가치체계와 세계관이 존재하지 못하고 있다는 것을 알 수 있다. 우크라이나에는 현재 크게 두 가지 종족-지역 정체성(ethno-regional identities)이 존재하며, 이

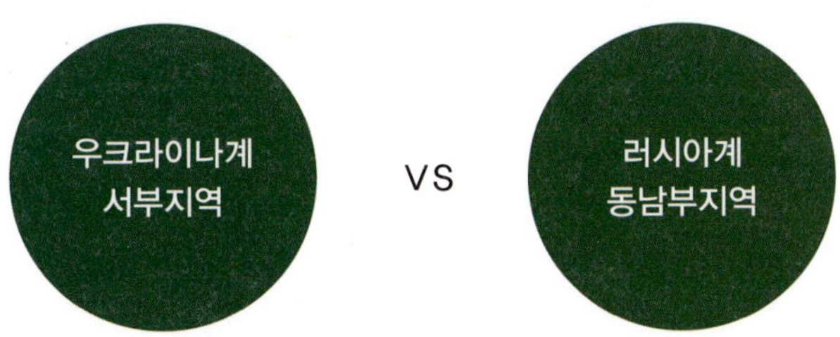

(우크라이나 종족, 서부 지역의 정체성) vs (러시아계 우크라이나 종족, 동남부 지역의 정체성) 사이 긴장 관계

들이 현대 우크라이나 민족정체성 형성에 영향을 미치고 있음을 알 수 있다.

(우크라이나 종족, 서부 지역의 정체성) vs (러시아계 우크라이나 종족, 동남부 지역의 정체성) 사이 긴장 관계는 정치, 사회, 경제, 종교 등 사회 전 영역에서 표출되며 때로는 충돌의 현상을 일으키기도 한다.

이와 같은 정체성 충돌의 근본적 원인은 우크라이나가 경험했던 러시아와는 상이한 역사발전과정, 특히 동과 서로 나뉘어 러시아와 폴란드, 오스트리아-헝가리 제국에 의해 지배되었던 경험과 이를 통해 서로 다른 문화적 토대와 내용이 발전된 데서 찾을 수 있을 것이다. 그러나 1991년 이후 친서구화 전략을 내세우는 서부지역 정치세력과 친러시아화 전략을 내세우는 동남부지역 정치세력의 대립으로 정체성의 분열은 더욱 심화되어가는 듯 보이고 있다.

앞서 이 글의 이론적 배경에서 소개한 벨레이의 다섯 가지 정체성의 특성에 입각하여 본다면, 과거 우크라이나의 민족, 문화 정체성의 내용이 되었던 가치체계와 문화적 특성들이 더 이상 새로운 시대에 전면적으로 수용되지 못하고 있으며, 새로운 형태의 내용을 요구한다고 해석할 수 있을 것이다. 이러한 의미에서 우크라이나의 정체성은 시간과 공간에 영향을 받으면서 변화를 겪고 있다고 볼 수 있다.

III.

UKRAINE

전망과 제언

우크라이나는 세계화를 통해 유입되는 서구 문화로 일방적인 동화의 과정을 겪기보다는, 우크라이나에 존재하는 많은 사회적 특성과 변화요인들에 영향을 받으며 다양한 방식으로 정체성 변화를 경험하고 있다. 상징과 영웅, 의례 부분에서 상당부분 서구식 관습을 받아들이는 경우도 있었으나, 반대로 자신의 것에 대한 자각을 불러일으켜 자신의 전통과 고유한 관습을 재발견하려는 모습도 발견되었다. 또한 과거의 것들을 가져오되 현대에 맞게 의미를 부여하고 모양을 변화시켜 새롭게 만드는 경우도 있었다. 우크라이나 정부와 민족주의자들은 역사적 상징들을 재료로 삼아 우크라이나의 정체성을 만들려 노력해왔다. 또한 과거에 존재하지 않았던 새로운 상징들과 의례들을 만들면서 새로운 의미의 정체성을 형성하기도 했다.

2004년까지 서구문화의 영향의 가시적 효과는 상징과 영웅, 의례 등 관습적인 부분에서는 두드러지게 나타났지만, 문화의 핵심이라 할 수 있는 가치체계부분에서는 많은 진통을 겪으며 상대적으로 느린 변화를 경험했다고 볼 수 있다. 오늘날 세계화 과정 속에서의 우크라이나 문화 정체성의 형성은 역동적이면서 또한 많은 문제점을 내포하고 있다. 서구 사회의 성숙한 정치, 경제, 가치체계의 유입과 더불어 제국주의적인 문화의 침투도 수반되고 있기 때문이며, 또 다른 중요한 요인은 우크라이나가 서구의 시민사회를 형성하기 위해 필요한 여러 가지 사회적 요건들을 여전히 많이 필요로 하기 때문이다. 오렌지혁명 이전 우크라이나에는 여전히 비민주주의적인 정치관행이 통용되었고, 경제와 정치의 결합, 적절한 법적 조치와 제도의 미흡, 경제 능력의 저조 등은 우크라이나가 서구식 시민사회를 형성하는데 악영향을 미쳤으며, 이는 또한 성숙한 문화 정체성의 형성도 막았다. 이러한 우크라이나의 사회현실 속에서 오렌지 혁명은 우크라이나가 민주주의 사회로 발전할 수 있는 가능성을 제시한 큰 역사적 사건이었다.

오렌지 혁명을 통해 부정부패세력에 대항하면서, 민주주의의 가치를 추구하기 시작했던 우크라이나의 대중들은 정치적 행위에 동원되면서 연대의식을 갖게 되었고, 이러한 연대의식에 기초하여 민주주의에 기반을 둔 새로운 민족의식을 공유하게 되었다. 오렌지 혁명을 거치면서 우크라이나 대중들은 언어적, 민족적 범위를 넘어서 민주주의 사회의 시민의식에 근거하여 정체성을 공유하기 시작했던 것이다. 오렌지 혁명 이후 수행된 유쉬첸코 정부의 과거청산의 정책이나 새로운 의례의 시작들은 분열된 우크라이나를 통일하며, 시민의식을 확산시키기 위한 정책의 일환이었을 것이다. 그러나 이러한 위로부터의 정책들이 진정한 실효를 얻기 위해서는 대중을 위한 지속적인 민주주의 정책—실제적인 사회체제의 개혁, 시민의 정치참여를 위한 법적, 제도적 장치수립—을 실시해야 할 것이다. 그렇지 않을 경우, 오렌지 혁명은 단지 대중운동으로 끝나버릴 가능성이 있기 때문이다. 우크라이나어와 우크라이나인들의 민족적 특성만을 강조하는 배타적이며 협소한 민족주의의 틀에 기초한 민족, 문화 정체성을 넘어 민주주의 원리에 기초한 포괄적 민족, 문화 정체성을 형성하는 길만이, 그리고 오렌지 혁명과 같은 대중운동의 염원과 열기를 정치-사회의 제도 속에서 지속적으로 반영하는 것만이 우크라이나를 정치적, 경제적 문제로부터 회복시키는 방법일 것이다.

2008년 8월 러시아의 그루지아 침공 이후 계속되는 우크라이나의 위기들, 다시 말해 오렌지혁명세력 사이의 연정해체, 러시아의 계속적 위협, EU와 NATO의 조속한 가입실패, 그리고 국가부도상황의 경제위기 등 암울한 상황들이 우크라이나를 짓누르고 있는 듯 보인다. 이와 같은 상황에서 2004년 오렌지혁명은 이미 그 의미가 축소되고 변질되어 보이는 것이 사실이다. 과연 자신들의 국가가 말하듯 "우크라이나는 아직 죽지 않았다"는 사실을 다시 한 번 보여줄 수 있을지, 그래서 제2의 오렌지혁명의 신화를 재현할 수 있을 지 귀추가 주목이 된다. 우크라이나의 역사상 번성을 누릴 때는 바로 '동'과 '서' 사이 힘의 균형을 잘 유지하며, 문화적으로 독창적 정체성을 형성했을 때였다. 다시 한 번 위기의 순간 우크라이나인들은 러시아와 서방 사이에서 현명한 정치적 결정을 내리며, 내부를 통합할 수 있는 문화정체성을 형성할 수 있기를 기대해 본다.

주석

UKRAINE

•1 http://blog.kievukraine.info/2005/12/mudslinging-likely-to-mar-ukrainian.html(인용일 : 2008.10.20).

•2 http://www.coxandforkum.com(인용일: 2006.1.15)

•3 http://news.bbc.co.uk/today/hi/today/newsid_7561000/7561785.stm(인용일: 2008.10.20)

•4 Dan Ben-Amos는 자신의 책에서 "Folklore is artistic communication"이라고 언급한 바 있다. Dan Ben-Amos, *Toward New Perspectives in Folklore*(Austin: University of Texas Press for the American Folklore Society, 1972). "예술적 의사소통"을 통해 사람들은 무언가 특별한 메시지를 전달받게 되는데, 이 "예술적 의사소통"은 크게 세 가지 방식으로 이행된다고 한다: "things people say, things people do, and things people make." 다시 말해 풍자와 농담 등과 같은 구술전통, 춤과 의례와 같은 행위전통, 그리고 사람들의 창작에 의해 만들어지는 물질문화를 통해 사람들 사이에 메시지가 전달되게 된다. George H. Schoemaker, "Introduction: Basic Concepts of Folkloristics," *The Emergence of Folklore in Everyday Life*(Bloomington, IN, Trickster Press, 1990), p.3.

•5 O. Britsyna and I. Golovakha, "The Folklore of the Orange Revolution." Presentation paper at the University of Alberta(2006. March), pp.3~4.

•6 Ibid. Britsyna와 Golovakha는 1991년 우크라이나의 독립 이후부터 2004년 오렌지 혁명 이전까지 수집된 구전민속자료의 양이 2004년 11월부터 12월 사이 오렌지혁명 기간에 발생했던 자료의 양과 비슷할 정도라고 설명하고 있다. 또한 소련의 브레즈네프 시기 왕성했던 정치 일화(political anecdote)가 이후 사라져 버렸다는 우려의 목소리가 강했으나,

오렌지혁명 기간 이와 같은 우려는 사라지고, 정치 일화와 농담이 다시 생명력을 갖게 되었다고 설명하고 있다(p.11).

•7 http://www.tryukraine.com/photos/kiev/orange.shtml(인용일: 2008.10.9)

•8 여기에서는 정치 일화(political anecdote)는 생략하기로 한다. 러시아 및 소련의 일화는 구전민속에서 매우 중요한 위치를 차지하며 민속학자들의 많은 주목을 받고 있다. 그러나 일화는 풍자와 농담보다 내용과 형식면에서 복잡하고 길며, 또한 웃음을 자아내기 보다는 교훈적이며 도덕적 가치를 전달하려 한다. 여기에서는 일화보다 짧은 형식을 가지면서 좀 더 자극적이며 비판적 메시지와 감정을 전달하는 정치적 풍자와 농담, 낙서 등에 초점을 맞추려 한다.

•9 C. Elliott, *The Power of Satire: Magic, Ritual, Art*(Princeton: Princeton University Press, 1960); "Satire" http://en.wikipedia.org/wiki/Satire에서 재인용.

•10 C. Elliotte의 말을 인용하여 노트롭이 다음의 저술에서 재인용한다. Frye Northrop, *The Critical Path: An Essay on the Social Context of Literary Criticism*(Bloomington: Indiana University Press, 1971); 이와 같은 표현은 이후 다른 연구자들에 의해 인용되어 사용된다. Ruth Sheffey, "Wit and Irony in Militant Black Poetry." *Black World* 22(June 1973), pp.14~21.

•11 Moira Smith, "Jokes and Practical Jokes," *The Emergence of Folklore in Everyday Life*, p.73.

•12 Katherine Borland and Jennifer Livesay, "Folk Speech," *The Emergence of Folklore in Everyday Life*, pp.45~46.

•13 J.Sanford Rikoon과 Elaine J. Lawless는 자신들의 저서에서 구술민속을 포함한 모든 민속문화가 갖는 특성들을 다음과 같이 나열했다: 1) face-to-face interaction and imitation, 2) change over time, 3) persistent over time, rather than short-lived, 4) informal, rather than formal, 5) patterned, rather than unpatterned, 6) variable, rather than fixed, 7) characteristic of small, cohesive groups, rather than large, loosely-knit groups. J. Sanford Rikoon & Elaine J. Lawless, *A Basic Guide to Fieldwork for Beginning Folklore Studies: Techniques of Selection, Collection, Analysis, and Presentation*, Folklore Monographs Series, Volume 7, p.vi.

•14 우크라이나의 작가이자 민속학자였던 Ivan Franko는 "민요도 개인에 의해 저작될 수도 있다"라고 언급한 적이 있다. Ivan Franko, "Iak vynykaiut' narodni pisni" in *Zibrann'a tvoriv u 50 t.* [Collected works in 50 vols.] Vol.27(Kyiv: Naukova Dumka, 1980), pp.57~65. O. Britsyna와 I. Golovakha에 따르면, 중요한 것은 텍스트가 누구에게 만들

어졌냐는 것이 아니라, 대중들에 의해 (민속)텍스트가 받아들여져서 다시 구전의 전통을 따라가며 전파, 변화되느냐에 있다고 설명한다: O. Britsyna & I. Golovakha, "The Folklore of the Orange Revolution", p.6.

•15 인터넷을 통한 민속의 전파와 인터넷상에서의 민속자료의 수집에 대해 최근 연구가 진행되어 왔다. 그 한 예로 다음의 글을 소개할 수 있다: Trevor J. Blank, "Examining the Transmission of Urban Legends: Making the Case for Folklore Fieldwork on the Internet," *Folklore Forum* 37.1(2007); https://www. indiana.edu/~folkpub/forum/journal.php?action=articledisplay&articleid=44

•16 Britsyna and Golovkha, "The Folklore of the Orange Revolution", p.3.

•17 Victor Turner, *The forest of symbols: Aspects of Ndembu ritual*(Ithaca: Cornell University Press. 1967), pp.99~103.

•18 Victor Turner, *The Ritual Process: Structure and Anti-Structure*.(Ithaca, New York: Cornell University Press, 1969), p.95

•19 Ibid., p.100.

•20 Mikhail Bakhtin, 『프랑수아 라블레의 작품과 중세 및 르네상스의 민중문화』, 이덕형·최건영 역(서울: 아카넷. 2004), p.22.

•21 http://www.tryukraine.com/photos/kiev/orange.shtml(인용일: 2008.10.2).

•22 Natalie Kononenko, "Research speakers on Orange Revolution folklore." *The Ukrainian Weekly*, February 26, 2006, No.9, Vol.XXIV.

•23 M. Bakhtin, *Fransua Rable i narodnaia kul'tura Srenevekovia i Renessansa*(Moscow: Khudozhestvennaia Literatura. 1990), pp.5~31.

•24 2004년 9월 24일 이바노-프랑키브스키 주에서 대통령선거를 위해 방문 중 발생한 사건으로 자세한 보도는 BBC의 "Ukraine PM hurt in 'egg attact'" 참조; http://news.bbc.co.uk/2/hi/europe/3686368.stm. 당시 사건의 동영상은 다음의 웹주소에서 열람 가능; http://www.youtube.com/watch?v=fP0vWkqOQT8.

•25 2004년 9월 5일 우크라이나의 국가안보국장과의 식사 후 안면 피부의 변질과 내장의 고통을 느껴 오스트리아 비엔나의 병원으로 후송되었다. 병원의 진찰 결과 음식에 섞인 디옥신이라는 독극물 중독으로 판명이 났으며, 이를 두고 친러시아파의 소행인가? 아니면 자작극인가?의 논쟁이 벌어지게 되었다. 자세한 내용은 http://news.bbc.co.uk/

2/hi/health/4041321.stm 참조.

• **26** http://www.lewisart.biz/pix/yushchenko.jpg(인용일: 2008.01.24).

• **27** Britsyna and Golovakha, "The Folklore of Orange Revolution", p.4.

• **28** Ibid. 르비브 지역에서 온 40대 가량의 남성 데모자로부터 녹음된 기록에서 인용.

• **29** Ibid.

• **30** Ibid.

• **31** http://www.xtremecamera.com/photo/2072(인용일: 2008.01.24)

• **32** 컴퓨터 합성으로 야누코비치의 감옥생활 재현: http://www.conflicts.rem33. com/images/HUMOR/ukr_polit_poster.htm(인용일: 2008.01.24)

• **33** M. Bakhtin, *Fransua Rable i narodnaia kul'tura Srenevekovia i Renessansa*, p.15

• **34** Britsyna and Golovakha, "The Folklore of Orange Revolution", p.9.

• **35** G. Le Bon, *Psykhologiia tolp* (Kyiv: KSP, 1999), p.147. 본(Le Bon)은 일부 민속 텍스트들은 전혀 논리적이지 않은 것들이 있다고 한다. 그들은 사실성들을 결여하지만, 그와 같은 텍스트들의 기능은 사실성을 반영하기 위한 것이 아니라 도덕적 진실성을 전달하기 위한 것이라고 한다.

• **36** Emil Draister, "New Russians' jokelore: Genesis and sociological interpretations." Heldref Publications Summer, 2001. p.1.; http://findarticles.com/p/articles/mi_qa3996/is_200107/ai_n8959347/print(인용일: 2008.01.24)

• **37** Ibid., p.8.

• **38** Ibid., p.2.

• **39** Ibid.

• **40** Meredith Dalton, *Ukraine: Culture Shock! A Survival Guide to Customs & Etiquette* (Singapore: Graphic Arts Center Publishing Company, 2001), p.131.

• **41** Ibid., p.132.

• **42** Ibid., p.133.

• **43** Emil Draister, "New Russians' jokelore," p.8.

• **44** 정치적 상징으로 색에 대한 정보는 다음의 것들에 잘 소개가 되어 있다: Lewis Austin, "Visual Symbols, Political Ideology, and Culture," in *Ethos*, Vol.5, No.3(Autumn 1977), pp.306~325; "Political Colour" http://en.wikipedia.org/ wiki/Political_colour

•45 Raymond Firth, "Symbols," *Public and Private*(London: George Allen & Unwin, 1973), p.47.

•46 Barbara A. Babcock, *The Reversible World: Symbolic Inversion in Art and Society*(Ithaca and London, Cornell University Press, 1978), p. 13. M. Foss에 따르면 인간은 "상징을 만드는 힘"이 있다고 설명하면서 이와 같은 힘이 바로 사람들을 진정한 인간으로 만든다고 보았다. 인간이 만들어 내는 거의 모든 것은 상징이며, 이들 상징은 모든 질문들에 대한 답을 줄 수 있는 마술적인 열쇠와 같다고 했다. M. Foss, *Symbol and Metaphor in Human Experience*(Princeton, New Jersey: Princeton University Press, 1949), p.1.

•47 Ferdinand de Saussure, "Course in General linguistics" in *Semiotics*, vol.1,(London: Sage, 2003), p.9.

•48 Ibid., p.157.

•49 Benedict Anderson, *Imagined Communities: Reflections on the Origin and Spread of Nationalism*(London: Verso, 1983).

•50 H. Dalziel Duncun, *Symbols in Society*(New York: Oxford University Press, 1968), pp.44~62.

•51 Karl W. Deutsch, "Symbols of Political Community" in *Symbols and Society*(New Ork and London: Harper & Brothers, 1955), p.38. 더치는 아래 설명한 다섯 개의 상징들 이외에 종교상징을 추가했으며, 종교상징이 가장 복잡하고 알기 어려운 상징이라고 설명했다. 여기서는 종교상징을 제외한 다른 다섯 개의 상징구분을 중심으로 논의를 전개하고자 한다.

•52 VIATEL에 의해 제작된 다큐멘터리 필름 "Mykhailivs'kyi Zolotoverkhyi"(2002)는 '성미하일대성당' 의 역사, 파괴, 재건의 전 과정을 귀중한 사진과 동영상을 이용해 설명했다.

•53 Taras Kuzio, "Nation Building, History Writing and Competition over Legacy of Kyiv Rus in Ukraine," in *Nationalities Papers*, Vol.33, No.1, March 2005, pp.46~48.

•54 우크라이나의 우표에 관해서는 Ukrainain Electronic Stamp Album; http://www.ukrainian-philately.info/ menu.htm 참조. 이 웹 사이트에서 1991년부터 지금까지 발행된 모든 우표의 자세한 정보를 얻을 수 있다.

•55 키예프 루시 공후들의 이름은 지금까지 러시아어식(블라디미르, 야로슬라프)으로 알려져 왔다. 여기서는 우크라이나음식으로 표기했다.

•56 http://www.ukrainian-philately.info/htmls/stmp1992/stmp0012.htm 참조.

•57 M. Kostomarov, "Dve russkie narodnosti," *Osnova*, no.3(1861), pp.33~80; 이 논문의 번역본은 다음의 출처에서 찾을 수 있다: "Two Russian Nationalieis," Trans. Thomas M. Prymak, in *Towards an Intellectual History of Ukraine: An Anthology of Ukrainian Thought from 1710-1995*. Ed. Lindheim Ralph and George S. N. Luskyj(Toronto, Buffalo, and London: University of Toronto Press, 1996), pp.122~134.

•58 헤트만은 수장, 우두머리, 지도자의 의미로 당시 코자크들을 이끌었던 대표를 말한다.

•59 "Symbols and Colors Used on Pysanky"; http://www.learnpysanky.com/symbols.html 참조.

•60 Yaroslav Pasko, "The influence of symbolic tradition on the processes of contemporary Ukrainian transformation: Ukraine in the context of European experience"; http://www.crvp.org/seminar/05-seminar/pasko.htm(인용일: 2007.11.20)

•61 여기에 소개된 깃발들은 http://www.crwflags.com/fotw/flags/ua%7D.html(인용일: 2007.11.20)

•62 역사적으로 1848년 프랑스 혁명 당시 급진적 공화주의자들과 사회주의자들이 "화가 난 노동자들의 피"를 나타내기 위해 붉은 깃발을 받아들였다고 전하며, 이와 같은 전통은 지금까지도 전해져 급진적 좌파정당을 상징하는 것으로 받아들여진다. 영국에서는 1997년 좌파정당인 노동당이 적색 대신 보라색을 뒷 배경색으로 사용하였는데, 이는 보라색이 정열의 색깔이기도 하고 고급스러워 보이며, 또한 현재 유행에 민감한 색으로 받아들여지기 때문이다.

•63 정치정당들을 대표하는 색들에 대한 자료로는 앞에서 소개한 Austin, "Visual Symbols, Political Ideology, and Culture,"와 "Political Colour" http://en.wikipedia.org/wiki/Political_colour가 있으며, 이 외에 미국의 정치 상징에 대해서는 http://en.wikipedia.org/wiki/Red_states_and_blue_states을 참조하면 도움이 된다.

•64 Yaroslav Pasko, op. cit., 2001.

•65 선거와 관련된 아래 세 개의 포스터는 Andrew Wilson, *Ukraine's Orange Revolution*(New York: Yale Univ. Press, 2006)에서 인용됨.

•66 포라(Pora)는 2004년 오렌지혁명 당시 선거를 감시하고 선거운동을 선도했던 시민조직으로 현재는 시민정당으로 활동하고 있다. 자세한 정보는 http://pora.org.ua/eng/content/view/2970/310/ 참조.

• 67 http://www.globalsecurity.org/military/world/ukraine/images/041124–election.gif(인용일: 2007.11.20)

• 68 율리야 티모쉔코의 일생에 대해서는 티모쉔코의 공식 웹사이트에 잘 소개가 되어있다. 아래에 소개된 그녀에 대한 정보는 다음의 웹사이트에서 인용된 것이다 : http://www.tymoshenko.com.ua/eng/about/(인용일: 2007.11.20)

• 69 Oksana Kis, "Beauty Will Save The World! : Feminine Strategies in Ukrainian Politics and the Case of Yulia Tymoshenko"; http://www.yorku.ca/soi/_Vol_7_2/_HTML/Kis.html.

• 70 "Yulia Tymoshenko: Medvedchuk, Yanukovych, Pinchuk i Surkis budut pratsiuvaty v opozytsii", 14 Oct. 2003; http//www.glavred.com(인용일: 2007.11.20)

• 71 "Pryvitannia Yulii Tymoshenko zi sviatom vesny–8 berezia" 6 Mar. 2002; http:www/tymoshenko.com/ ukr/news/first/606(인용일: 2007.11.20)

• 72 "Zi sviatom, dorohi seliany!" 15 Nov. 2002; http:www.tymoshenko.comua/ukr/news/first/1059(인용일: 2007.11.20)

• 73 "Slovo do viruyuchykh naperedoni Velykodnia" 25 Apr. 2003;http://tymoshenko.com.ua/ukr/news/first/ 1146/(인용일: 2007.11.20)

• 74 Kis, op.cit. p.11.

• 75 Tatiana Zhurzhenko, "Ukrainian Feminism(s): Between Nationalist Myth and Anti–Nationalist Critique," *IWM Working Paper* No.4(2001, Vienna), p.4; http://www.multiculturedonne.com/files/ukr.feminism.pdf

• 76 Boris Reitschuster, "Der eiserne Engel von Kiev." *Focus*(May 2005), pp.154~155; cited by Kis, op.cit. p.11.

• 77 Nadiya Bodnar, "Zhinky i polityka." *Express* 10 feb, 2005, p.II.

• 78 Volodymyr Derzhko, "Ukraina pered vyborom: avtorytaryzm chy demokratiya," *Weekly Mist* #38, Oct. 2001, p.32.

• 79 Maria Matios, *Mr and Mrs U in Country UA*(Kyiv: 2006).

• 80 Kis, op.cit., p.16.

• 81 Ibid.

• 82 "Sacred Duel"이라는 제목으로 일리야 파뇨크가 그린 그림으로써 2007년 3월에 키예프

에서 전시가 되었다.

•83 우크라이나의 화폐에 그려진 상징성들에 대한 연구는 Simon Franklin, "Russia in time," in *National Identity in Russian Culture: An Introduction*(Cambridge & New York: Cambridge University Press, 2004), pp.25~27 참조.

•84 http://www.tymoshenko.com.ua/eng/about/

•85 비록 플레이보이지를 언급했으나 그녀는 아마도 타임지의 모델이 될 거라고 말했다. "Ukraine PM makes Elle front cover," BBC News(April 19, 2005); http://news.bbc.co.uk/2/hi/europe/ 4461169.stm(인용일: 2008.7.11).

•86 Kis, op.cit., pp.30~31.

•87 상기한 두 가지 특성 이외에 대조, 대비성(contrastivity: 타그룹과 자그룹에 대한 인식, 변화와 지속의 대비를 반영한다), 상호교류성(interactivity: 지속적인 사회적 교류와 관계 속에서 형성된다), 다중성(multiplicity: 개인 혹은 그룹은 다양한 정체성-종족성, 인종, 성, 계급 등-을 동시에 갖는다)을 언급했다. G. Belay, "The (Re)construction and Negotiation of Cultural Identities in the Age of Globalization," In H. B. Mokros, ed., *Interaction and Identity: Information and Behavior*(New Brunsweick, NJ: Transaction Publicshers, 1996), pp.321.

•88 제4장에서는 'rite' 과 'ritual' 을 함께 '의례' 라는 단어로 특별한 구분 없이 혼용하여 사용하고 있는데, 이들 둘 사이의 의미의 차이를 구지 찾는다면, 'rite' 이 공식적인 종교(혹은 세속)의식을 말하는 것이라면, 'ritual' 은 이 의식을 수행하기 위해 규정된 의식의 방법을 말한다고 하겠다. 여기에서는 두 단어가 유사한 개념으로 사용되고 있으나, 실제 'rite' 은 'ritual' 을 포괄하는 개념으로 보면 될 것이다.

•89 Beverly J. Stoeltje, "Festival," *Folklore, Cultural Performances and Popular Entertainments*, Ed. by Richard Bauman(New York, Oxford University Press, 1992).

•90 프랑스의 민속학자인 반 겐넵(Van Gennep)은 1909년 *Rites of Passage*(통과의례)라는 저서를 발간하여 전 세계의 통과의례 및 세시풍속을 해석하는 틀을 제시했다. 의례를 분리, 전이, 통합의 과정으로 나누어 고찰했는데, 그의 이론은 이후 1949년 요셉 캠벨(Joseph Campbell)에 영향을 미쳐 *The Hero with a Thousand Faces*을 집필하게 했다. 이 책에서 저자는 의례를 '출발, 시작, 회귀' (Departure, Initiation, and Return)로 나누어 설명했다. 또한 반 겐넵의 통과의례 및 축일, 축제 연구는 빅토르 터너(Victor Turner)에 의해 더욱 발전되었으며, *The Ritual Process: Structure and Anti-Structure*(1969)는 그의 대표적인 연구

서이다.

•91 잭 산티노(Jack Santino)는 *All Around the Year: Holidays and Celebrations in American Life*(1995)에서 "축일과 기념일을 완벽히 조사하기 위해서, 우리는 그것들을 인간 행위의 역동적 과정으로 생각해야 할 필요성이 있으며, 사람들이 전통적인 상징과 행위들을 정기적으로 재생산하면서 축일과 기념일들을 만들어내고 있는 방식에 주의를 기울여야 할 것이다"라고 설명했다(xvi). 또한 웬디 리즈후르위츠(Wendy Leeds-Hurwitz)는 *Wedding as Text*(2003)에서 인간은 축제 혹은 혼례와 같은 행사에서 상징과 의례를 통해 자신의 정체성을 표출한다고 설명하고 있다.

•92 Emil Durkheimian, *The Elementary Forms of the Religious LIfe*, Translated by Joseph Ward Swain(New York: The Free Press, 1967).

•93 Christel Lane, *The Rites of Rulers: Ritual in Industrial Society – the Soviet Case*(Cambridge: Cambridge University Press, 1981).

•94 '국가 공식 축일' 혹은 '공휴일'이 목요일일 경우 금요일과 토요일도 공휴일이 된다. 공휴일이 만약 토요일이나 일요일에 올 경우 월요일이 공휴일로 간주된다.

•95 여기에 소개된 대표적 가족 및 사회 기념일들은 국가 공휴일은 아니나 국가기관, 정부 혹은 각종 시민, 종교 단체들에서 지원이 되며, 전 국가적 범위에서 기념이 되는 경우가 많다. 또한 여기에 소개는 되지 않은 각종 전문직업인의 날들과 서방에서 유입된 기념일(발렌타인데이(2.14), 할로윈(10.30), 크리스마스(12.30)) 등도 젊은이들 사이에 기념되고 있다.

•96 1919년 1월 22일 '연합(통일) 결의서' 혹은 '우크라이나 영토의 통일에 대한 결의서'가 키예프의 소피아 광장에서 선포되었다. 최초의 우크라이나 정부의 출현을 기념하기 위해 우크라이나 민족주의의 전파의 주요 역할을 한 타라스 쉐브첸코(Taras Shevchenko)와 초대 통일국가의 대통령이자 역사학자였던 미하일로 흐루쉐브스키(Mykhailo Hrushevskyi)의 동상에 꽃다발을 증정하는 의례가 행해진다. *Natsional'na radiokompaniia ukrainy*(2007.1.22) 참조.

•97 2000년 2월 당시 대통령이었던 쿠츠마는 10월 혁명 기념일을 국가 공휴일로부터 제거했다. 당시의 선거에서 공산주의자들을 앞섰던 쿠츠마는 공개적으로 과거사와의 관계를 단절하고, 서방에 다가서는 상징적 행동을 보여주려 했던 것으로 해석된다. Allison Abrams, "Event Summary: Holidays and Nation-Building in Ukraine," Woodrow Wilson Internatonal Centre for Scholars(2000.03.20); http://www.wilsoncenter.org/index.cfm?

fuseaction=events.event_ summary&event_id=3857(인용일 2008.5.15).

•98 키예프 도심 타라스 쉐브첸코 불르바드(Taras Shevchenko Boulevard)와 흐레쉬차티크(Khreshchatyk)의 교차로에 위치한 레닌동상은 1946년 유명한 소비에트 조각가 세르게이 메르쿠로브(Sergei Merkurov)에 의해 제작되었다.

•99 "Street Violence in Ukraine in Wake of Communist Memorial March," Kiev Ukraine News Blog(2006.11.07).

•100 Ibid.

•101 Abrams, op.cit.

•102 서부 우크라이나 민족 공화국(Zakhidno-Ukrains'ka narodna respublyka)은 1918년 말부터 1919년 초까지 동부 갈리시아에 위치하며, 부코비나와 카르파티안 루테니아, 르비브, 페레미슐, 콜로미야, 스타니슬라비브 등의 도시를 자신의 영토로 주장했던 독립국가였다. 당시 오스트리아-헝가리 제국의 센서스에 따르면, 60%의 우크라이나인들과 25%의 폴란드인, 12%의 유태인들, 일부 독일, 체코인들로 구성된 신생독립국은 '폴란드-우크라이나 전쟁'에서의 패배로 1919년 7월 폴란드에게 영토를 빼앗기게 되었다. Orest Subtelny, *Ukraine: A History*(Toronto: University of Toronto Press, 1988) 참조.

•103 Abrams, op.cit.

•104 Ilya Khineyko, "Dear Women!: The Ukrainian media celebrates International Wolen's Day," *Current Politics in Ukraine*; http://ukraineanalysis.wordpress.com/2007/03/09/dear-women(인용일: 2008.5.15).

•105 Natalia Kostenko, Tatyana Androsenko, and Ludmila Males "Ukraine: In Search of Holidays" in *Natonal Days/National Ways: Historical, Political, And Religious Celebrations Around theWorld*(Greenwood Publishing Group, 2004), pp.285~302.

•106 Ibid., p.292.

•107 1918년부터 1939년까지 폴란드의 지배를 받았던 갈리시아 혹은 할리치나 지역, 다시 말해 지금의 서부 우크라이나에 속한 르비브, 테르노필, 이바노-프란키브스크 시를 포함하는 지역은 1939년 리벤트롭-몰로토브 조약(Ribbentrop-Molotov pact)에 의해 소련의 영토가 되었다. 따라서 항상 독립을 원했던 이 지역 우크라이나인들은 1941년 나찌가 소련을 공격하자, 나찌를 "해방자"로 여기고 독일군에 협력하고자 했다. 그러나 곧 나찌의 속샘을 알아차린 이 지역 우크라이나인들은 우크라이나민족군대를 조성하여 독일군과 소련군에 대항하면서 우크라이나의 독립을 추구하였다. 자세한 내용은 Orest

Subtelny, *Ukraine: A History*, p. . 참조.

•108 "Mamority in Ukraine say Victory Day is Great Holiday – Public Opinion Poll" in *The National News Agency of Ukraine*(2008.05.07).

•109 이에 대한 이유는 각주 20번에서 설명했듯이 할리치나 지역의 우크라이나인들이 상대적으로 소비에트체제에 뒤 늦게 합류하였으며, 독립을 추구하는 경향이 강했기 때문인 것으로 파악된다.

•110 "Russia holds military parade to mark victory day," *People's Daily Online*(2008.05.09)

•111 2004년 쿠츠마 정권은 무려 180만 달러의 비용을 들여 군사퍼레이드를 감행했다. 그 다음해 오렌지 혁명이 있은 이후 유쉬첸코와 티모셴코 행정부는 군사퍼레이드를 생략하여 7십만 달러의 비용으로 독립기념행사를 실시했다. 그러나 러시아의 그루지아 침공 직후에 열린 2008년 8월 24일의 독립기념행사에 우크라이나의 유쉬첸코 대통령은 다시 대대적인 군사퍼레이드를 감행했다. 자세한 내용은 III장에서 더 논의할 것이다. Zenon Zawada "Ukraine marks 14th anniversary of independence," *The Ukrainian Weekly*, No.36, Vol.LXXIII(2005.09.04) 참조.

•112 "Europe Day 2008" by The European Comission's Delegation; http://www.delukr.ec.europa.eu/home.html(인용일: 2008.6.15).

•113 키예프의 날(Den' kyyeva) 공식 웹사이트에 프로그램이 잘 나와 있다; http://day.kmv.gov.ua/day.asp

•114 Prezydent Ukrainy Viktor Iushchenko: Ofitsiine internet-predstavnytstvo; http://www.president.gov.ua/ en/gallery/990.html#13537(인용일: 2008.06.15)

•115 주요한 변화는 아니지만, 의례의 변화는 민간 차원에서도 발생했다. 서구 문화의 영향을 받은 젊은 세대들 사이에서 서구의 기념일들이 수용되고 있는데, 예를 들어 서구문화에서 가장 큰 명절로 받아들여지는 크리스마스가 12월 25일(신력)에 기념되고, 산타클로스, 크리스마스트리, 눈사람 등 서구식 상징성들이 등장하게 되었으며, 서구식으로 크리스마스를 기념하는 것이 젊은이들 사이에 유행하고 있다. 2월 14일에 기념되는 밸런타인데이, 10월 31일에 행하는 할로윈 등의 행사는 소비에트 시기에는 존재하지 않았던 서구식 의례들이다.

•116 구소련지역에서의 달력체계에 관해서는 다음의 자료가 잘 설명하고 있다. 황성우, "러시아 달력체계의 변화과정 – 스탈린의 달력개혁을 중심으로," 『국제지역연구』, 8권 2호, 2004, pp.101~21.

• 117 9 months ago: Fancy-dressed people bath into cold water during the festival of Malanka, 14 January 2008 in a western Ukrainian village Vashkivtsi, about 550km(342 miles) southwest of the capital Kiev. The local population traditionally celebrates Malanka on 13th of January, which is New Year's Eve in accordance with the Julian calendar. http://www.daylife.com/photo/0dbyayxgnh3DD

• 118 http://www.tytitam.com/news/uploaded_images/gx_malanka3-713791.jpg

• 119 본 영상물은 소련시기에는 보기 힘들었던 이색적인 관습들을 선보이는데, 한 예로 오래 전 농사일의 주역인 '말'을 갖가지 녹색 가지와 잎으로 치장을 하고 가가호호 방문을 하여 집안으로 끌고 들어간 뒤 "예수님께서 태어나셨다" "이 댁 주인의 건강과 풍년을 빌며, 행운과 기쁨이 가득하길 빕니다"라고 소망을 전달한다. 그러면 주인은 음식과 술로 손님들을 대접하게 된다. 본 영상물은 서부지역의 다양한 새해 풍습을 재현하고 있다.

• 120 5월 23일 녹색 축일(Zeleni Sviata)에는 모든 집과 방, 창문, 이콘을 녹색의 가지와 잎으로 장식을 하게 된다. 부활절 이후 10번째 월요일에 해당하며, 녹색 출일 2주 후 물의 요정인 루살키를 떠나보내는 의식을 갖는다. 이 의식은 물속에 있는 겨울집을 버리고, 녹색 곡식밭으로 들어간다는 의미를 지닌다. 이어 7월 6일에는 풍성한 추수를 기원하는 이반 쿠팔로 축제와 오브쥔키(obzhynky)라고 불리는 추수감사제 등이 기념되고 있다. 상기한 축일들에 대한 기본적인 설명은 Z. Kuzela, "The Summer Cycle," in *Ukraine: A Concise Encyclopedia*(Toronto; University of Toronto Press, 1963), pp.328~341.

• 121 1년에 크고 작은 종교 축일이 20개도 넘게 존재한다. 다양한 종교축일들의 이름과 예들은 다음의 자료에 잘 나타나 있다: 이명재, 동슬라브인의 축일 문화 : 민족 정체성과 재생으로서의 생명력, 한국외국어대학교 러시아학과 석사학위 논문(2005년 8월).

• 122 Abrams, op.cit.

• 123 UPA에 관해서는 Stanislav Kul'chyts'kyi, "UPA pozpoqynaie aktyvni protynimets'ki dii," *Obozrevatel'* (2008.05.09); http://www.obozrevatel.com/news/2005/8/5/32006.htm 참조.

• 124 한 예로 키예프의 타라스 쉐브첸코 불르바드에는 소련의 전형적 상징은 레닌 동상이 놓여 있으며, 이 거리와 교차하는 흐레쉬차티크(Khreshchatyk)를 따라 올라가면 우크라이나 오렌지혁명의 상징인 마이단 광장이 나타난다.

• 125 http://www.president.gov.ua/en/gallery/616.html#5790 Holodomor Remembrance Day, November 25, 2006

• 126 2005년 유쉬첸코 대통령 연설문; http://news.bigmir.net/article/ukraine/ 594626(인용

일: 2008.06.15). 그 다음해인 2006년 11월 25일 대기근(홀로도모르) 기념일 행사가 거행되었으며, 대통령은 868번 칙령을 발포하여 당일 토요일 오후 4시에 추모 사일런과 함께 묵념을 할 것을 명했다. 또한 이 칙령에 따라 국기는 조기로 개양되며 방송매체에서는 추모행사의 의도에 벗어나지 않는 내용을 다루도록 명했다.

• 127 "President plants snowball garden," Offical Website of President of Ukraine(2005.11.26); http://www.president.gov.ua/en/news/1796.html?Printversion(인용일: 2008.06.15).

• 128 Olha Zazulya-Ostriychuk, "Identity Construction: National Rebirth or Identity Crisis?" International Graduate Student Symposium(2006.03.17-19), p.22.

• 129 2005년 11월 22일 오렌지혁명 1주년 기념행사 대통령 연설; http://www.president.gov.ua/news/data/print/ 4342.html

• 130 이 행사의 공식 명칭은 '키예프 루시의 기독교화 1020주년' (1020 richnytsia khreshchennia Kyivs'koi rusi) 이었다. 우크라이나 교회에서는 키예프 루시 뒤에 우크라이나를 덧붙여 '키예프 루시-우크라이나' (Kyivs'koi rusi-ukrainy)로 표기함으로써 키예프 루시를 우크라이나의 독립된 역사시기로 강조했다.

• 131 이번 행사를 정치적 목적으로 변형시키려 한다는 관점은 주로 러시아의 신문들에 의해 피력이 되었다.

• 132 보통 학계에서는 러시아어식 음운 표기로 블라디미르 공후로 표기하나 여기에서는 인물들의 이름을 우크라이나어식으로 표기 할 것이다.

• 133 우크라이나에는 다음과 같은 기독교 교회들이 상존하며, 신자들의 수는 다음과 같다: 우크라이나 정교회(모스크바 수좌대주교 관할) - 26.13%, 우크라이나 정교회(키예프 수좌대주교 관할) - 50.44%, 우크라이나 자치 정교회 - 7.21%, 우니아트(우크라이나 그리이스 가톨릭 교회) - 8.02%, 로마 가톨릭 교회 - 2.19%, 우크라이나 프로테스탄트 교회(장로교, 침례교, 루테란, 메노나이트 등) - 2.19%, 유대교 - 0.63%, 기타 - 3.2%. "Religion in Ukraine" from Wikipedia, the free encyclopedia, http://en.wikipedia.org/wiki/Religion_in_ Ukraine(인용일: 2008.08.24).

• 134 단지 26.13% 우크라이나 신자만을 보유하고 있으나, 35개의 주교구(eparchy)를 소유하며, 10,875개의 종교공동체(대략 전체 정교회 공동체 중 68%에 해당)를 거느리고 있다. 주로 키예프와 남부, 동부 우크라이나에 위치한다. 2007년 현재 122개의 수도원, 3519명의 수도승과 수녀, 7509명의 신부와 840개의 교회를 가지고 있다. 이에 반해, 키예프 주교회 관할 우크라이나 정교회는 50.44%의 우크라이나 교인을 가지며, 31개

의 주교구, 3,721개의 종교공동체, 2,816명의 성직자들을 보유한다. 전체 신자들의 60%가 주로 서부 우크라이나에 거주한다. 키예프 주교회 관할의 우크라이나 정교회는 아직 동방정교회에 의해 승인을 받지 못했다. 이상의 자료는 Religious Information Service of Ukraine 에서 인용했으며 더 자세한 정보는 다음의 사이트를 참조: http://www.risu.org.ua/eng/major.religions/orthodox.mp/(인용일: 2008.08.24).

• **135** 홍석우, "우크라이나의 종교와 민족주의," 임영상, 황영삼 공편, 『소련과 동유럽의 종교와 민족주의』(서울: 한국외국어대학교 출판부, 1996), p.103.

• **136** 이 성당은 스뱌토폴크 2세에 의해 12세기에 지어졌다가 13세기 몽골에 의해 부서지게 되고, 1496년에 다시 재건되었다가, 1935-36년 스탈린에 의해 파괴되었던 대성당이었다. 키예프 중심에 성미하일 성당을 재건한데는 키예프가 러시아에 지배되지 않는 우크라이나 정교회의 중심이라는 것을 보여주는 상징적 의미를 가지고 있는 것이다. 이외에도 키예프에는 많은 역사적 조형물들이 재건되는데 좀 더 상세한 설명은 Taras Kuzio, "Nation Building, History Writing and Competition over Legacy of Kyiv Rus in Ukraine," in *Nationalities Papers*, Vol.33, No.1, March 2005, pp.44~46 참조.

• **137** "Russian lawmaker criticizes Moscow, Minsk for ignoring Christianity celebrations in Kiev," Interfax(2008.07.27).

• **138** "Bselens'kyi patriarkh Varfolomyii pryide v Ukrainu naprykintsi lypnia," *Bratstvo* (2008.07.03).

• **139** "Independence-seeking Ukrainian church welcomes Bartholomew," *Today's Zaman* (2008.08.03).

• **140** "Ukraine calls for independent Church in spat with Moscow," *AFP*(2008.07.26).

• **141** Ibid.

• **142** Emma Stickgold, "Ukraine, Russia Face Off Over Christian Orthodoxy," in *VOA news* (2008.07.27).

• **143** Wendy Leeds-Hurwitz, *Semiotics and Communication: Signs, Codes, Cultures*(Hove and London: Lawrence Erlbaum Associates, Publishers, 1993), xv-xxix.

• **144** 황성우, "러시아 '이중신앙' 용어에 대한 재검토," 『슬라브연구』, 제17권 1호, pp.52~53.

• **145** O. Buslaev, *Istoricheskaia Khrestomatiia Tserkovno-Slavianskoho i Drevne Russkoho Iazykov*(Mosckva, 1861), str. 99; Levin, "Dvoeverie and Popular Religion," in Batelden. S. K.

Seeking God: The Recovery of Religious Identity in Orthodx Russia, Ukraine and Georgia(DeKalb: Northern Illinois Univ. Pres, 1993), p.32에서 재인용.

• 146 E. Levin, "Dvoeverie and Populra Religion"와 김우승, "러시아의 기독교 신앙과 민간신앙: '이중신앙' 적 측면" 『사회과학연구』, 제13권(대전: 배제대학교 사회과학연구소, 1995) 의 연구논문에 이중신앙에 대한 관점들이 잘 정리되어 있다. 또한 황성우 박사는 "러시아 이중신앙 용어에 대한 재검토"(『슬라브연구』, 제17권 1호)에서 이중신앙의 기존 용어 사용에 대한 문제점을 제시하고 러시아인들의 종교체계를 이중신앙체계가 아닌 정교체계 그 자체로 보아야 한다고 주장하고 있다.

• 147 안드레이 보골류브스키(우크라이나어 발음)는 1169년 키예프를 정복했고, 이 옛 수도의 지배자가 갖고 있던 '대공' 칭호를 수즈달의 통치자에게, 그리고 클랴즈마 강가에 있던 자신의 새 수도 볼로디미르(러시아어로 블라디미르)의 지배자에게 부여했다. 그와 그의 동생인 후계자 프세볼로트 3세(1176-1212)는 강력한 군주제를 세웠고, 볼로디미르 대공국의 지배자로서 러시아 제후들 가운데 가장 큰 세력을 갖게 되었다. 그들은 휘하 제후들을 격려해 공국을 발전시켰고 교회와 궁전과 새 도시들을 세우도록 했다. Orest Subtelny, *Ukraine: A History*(Toronto: University of Toronto Press, 1988), pp.37~41.

• 148 임영상, "종교축일과 민속명절에 나타난 러시아적 삶의 특징," 『슬라브연구』, 제13권 pp.124~125.

• 149 황영삼, "러시아 민간신앙 연구 - 기독교 수용과 연관성을 중심으로," 『슬라브연구』, 제14권, p.38.

• 150 러시아의 이중신앙을 연구한 논문들 중 기독교와 민간신앙의 결합 관계를 고찰하기 위해 축제, 음식 등에 초점을 맞춘 것들 있다: 황성우, "종교와 음식: 러시아 음식과 민간신앙-기독교 수용과 연관성을 중심으로" pp.151~177.; 황영삼, "러시아 민간신앙 연구-기독교 수용과 연관성을 중심으로" pp.21~44.; 임영상, "종교축일과 민속명절에 나타난 러시아적 삶의 특징," pp.119~157.

• 151 러시아역사에서는 올가 공후로 알려져 있으나, 본 논문에서는 인물들의 이름을 우크라이나어로 표기하기로 한다.

• 152 우크라이나에서 정교회는 크게 3가지로 나누어진다. 모스크바 대주교좌의 영향을 받는 러시아 정교회, 키예프 대주교좌의 관할 아래 있는 우크라이나 정교회, 그리고 19세기 우크라이나 정교회의 쇄신과 독립을 주창한 자치정교회로 분류할 수 있다. 여기 설명한 성미하일 대성당은 키예프 대주교좌 관할의 대성당이다. 홍석우, "우크라이나의 민

족주의와 종교," 『소련과 동유럽의 민족주의와 종교』, 임영상, 황영삼 편저(서울: 한국외국어대학교, 1995), pp.85~108 참조.

• 153 이외에도 키예프에는 많은 역사적 조형물들이 재건되는데 좀 더 상세한 설명은 Taras Kuzio, "Nation Building, History Writing and Competition over Legacy of Kyiv Rus in Ukraine," in *Nationalities Papers*, Vol.33, No.1, March 2005, pp.44~46 참조.

• 154 이와 같은 상징은 보통 주택의 대들보에 그려졌으며, 가옥을 번개로부터 보호한다는 의미를 가졌다. 동일한 상징들이 4세기 슬라브족들의 도기에 그려진 것들이 발견되었다: 자세한 설명은 다음의 웹사이트에 잘 설명이 되어 있다. http://en.wikipedia.org/wiki/Slavic_mythology

• 155 상기한 최고신들의 이름은 우크라이나어식으로 음운 표기하였다. 우크라이나의 신화체계에 대해서는 온라인상의 Encyclopedia of Ukraine에서 자세한 정보를 얻을 수 있다: http://www.encyclopediaofukraine.com/display.asp?AddButton= pages\M\Y\Mythology.htm

• 156 기독교 수용이전 민간신앙체계에 대한 연구는 많은 학자(자벨린, 아니치코프, 니제롤레, 마스메르, 로브먄스키, 갈콥스키 등)들에 의해 분석되어 왔다. 학자들의 분석을 종합하면 다음과 같은 신들이 존재했고, 일정한 기능을 가진 것으로 해석 된다: 패룬(천둥번개의 신, 공후의 신), 호르스(태양의 신), 다쥐보흐(태양의 신), 스트리보흐(바람과 날씨의 신, 아버지의 신), 세마르글(파종의 신), 모코쉬(지모신). B. A. Rybakov, *Iazychestvo drevney rusi*(Moscow: Soviia, 2001), pp.412~414.

• 157 (1)과 (2)는 각각 19세기 우크라이나의 폴타바(Poltaba)와 체르니히브(Chernihiv) 지역 농가 천장 석가래 혹은 대들보에 새겨진 패룬의 상징들이다. V.P. Samoilovich *Narodnoe arkhitekturnoe tvorchestvo. Po materialam Ukrainskoi SSR*(Kyiv: Budivel'nyk 1977), p.19.

• 158 Ibid., p.67.

• 159 Natalie Kononenko, "The Ukrainian Village House," Ukrainian Traditional Folklore; http://www.arts.ualberta.ca/uvp/pages/media/houses/index.htm? menu=4-2:4(인용일: 2007.11.1)

• 160 "Wedding Traditions in Ukraine," http://www.museums.ualberta.ca/exhibits/ukrn wedding/phase1.html(인용일: 2007.10.10)

• 161 Kononenko, "The Ukrainian Village House."

• 162 본 사진은 페레야슬라브-흐멜니쯔키이 지방의 가옥 내부로 http://nataliya. kiev.ua/?id =6583(인용일: 2007.10.10)

• 163 본 사진은 N. 코노넨코(Kononenko)의 웹사이트 Ukrainian Traditional Folklore중 "Rushnyky in the home"에 나오는 사진이다: http://www.arts.ualberta.ca/uvp/pages/media/ rushnyky/index.htm?menu=4-2:1(인용일: 2007.10.12).

• 164 Lubow Wolynetz, "Rushnyky in Ukrainian Folk Art and Tradition" *Forum* 74, p. 14. 이외에도 루슈니키와 관련된 많은 속담들이 있다. 예를 들어, "Хата без рушника, - що родина без дгтей"(류슈니키가 없는 집은 마치 아이가 없는 가정과 같다).

• 165 O. Grabowicz and L. Wolynetz, *Rushnyky: Ukrainian Ritual Cloths*(New York: The Ukrainian Museum, 1997). 우크라이나의 상징에 대해서는 M. Kostomarov, "Istoricheskoe znachenie iuzhno-russkogo narodnogo pesennogo tvorchestva," in *various numbers of Beseda*(1872); reprinted in *Sobranie sochinenii N. I. Kostomarova*, book 8, vol.21, pp.439~692 참조.

• 166 M. Kelly, *Goddess Embroideries of Eastern Europe*(McLean: Studiobooks, 1996), pp.68~69.

• 167 카탈 후유크(Catal Huyuk)라는 아나톨리의 마을에서 발견된 탄생 상징은 다뉴브 강 북서쪽으로부터 동남아시아쪽으로 퍼졌다고 한다. 자세한 설명은 다음의 자료에 잘 나와 있다; Max Allen, *The Birth Symbol in Traditional Women's Art From Eurasia and The Western Pacific*(Toronto: The Museum for Textiles, 1981), p.3.

• 168 Max Allen, *The Birth Symbols*, p.41.

• 169 Judy Chicago, *The Birth Project*(Garden City: Doubleday, 1985), p.56.

• 170 Ukrainian sampler, 10 1/4"x10 1/4", cotton embroidery on linen cloth, Ukrainian Museum of Canada, Saskatoon, Saskatchewan. Kelly, Goddess Embroideries, p.212.

• 171 Ibid., p.50.

• 172 Ibid.

• 173 Ibid., p.37.

• 174 Ibid., p.17.

• 175 Ibid.

• 176 " Rushnyky: Ritual Use" ; http://www.arts.ualberta.ca/uvp/pages/media/rushnyky/index.htm?menu=4-2:1(인용일: 2007.10.10).

• 177 Natalie Kononenko, "Ritual uses of Rushnyky" Ukrainian Traditional Folklore; http://www.arts.ualberta.ca /uvp/pages/media/rushnyky/index.htm?menu=4-2:1(인용

일: 2007.11.1)

•178 N. Kononenko, "Pysanky," Ukrainian Traditional Folklore; http://www.arts.ualberta.ca/uvp/pages/media/pysanka/index.htm?menu=4-2:2(인용일: 2007.10.12).

•179 Ibid.

•180 "Pysanky-Easter Eggs," The Ukrainian Museum; http://www.ukrainianmuseum.org/pysanky.html(인용일: 2007.10.12).

•181 뉴욕의 우크라이나 박물관(The Ukrainian Museum)의 컬렉션; http://www.ukrainianmuseum.org /pics/tumpys2.jpg(인용일: 2008.10.12)

•182 장실, "이콘과 고골의 초상화," 『슬라브연구』, 제22권 1호(2006), p.177.

•183 Ibid., p.187.

•184 The Ukrainian Museum, "Ukrainian Folk Icons, 18th-19th Centuries" Brama, January 25, 2002. http://www.brama.com/press/020125ukrainianmuseum.html (인용일: 2007.10.12).

•185 New York에 위치한 The Ukrainian Museum에서 Ukrainian Sculpture and Icons: History of Their Rescue이라는 제목으로 열린 전시회에 전시된 작품으로서 키예프에 있는 Rodovid Gallery에서 지원했다. 자세한 내용은 http://www.rodovid.net/ua/sculandicons/index_en.html에서 참조.

•186 "The Forms of Ukrainian Crosses" by St. Andrew's Ukrainian Catholic Church; http://members.optushome.com.au/standrew/Forms%20of%20Ukrainian%20Crosses.html

•187 여기에 소개된 쉐르바키브시키 교수의 언급은 "The Forms of Ukrainian Crosses"에 잘 나와 있다.

•188 http://www.allthingsukrainian.com/Cross/(인용일: 2007.11.1). 우크라이나 부활절 계란이나 공예품들의 전통적 상징성들에 대한 자료는 Spindle Group, *Symbols: 155 Old Ukrainian Designs* (Kyiv: Sunflower, 1992)과 M. Woloch Vaughn, *Ukrainian Easter: Traditions, Folk Customs and Recipes*(Munster: Ukrainian Heritage Company, 1983) 참조.

•189 카르파티안 산맥(Carpathian Mountains)의 남동쪽 끝자리에 위치한 지역으로 현재 우크라이나 영토 내에 존재하며, 이곳 고산지에 거주하는 우크라이나인들을 후줄인들(Hutsuls)이라고 한다. 독특한 방언과 민속 문화를 소유한 이들 거주자들은 주변의 다양한 민족들과의 교류 속에서 다문화적 특성을 발전시켰다.

•190 우크라이나의 삐산끼에 나타난 상징에 대해서는 D. Horniatkevych, "Easter Egg"

Ukraine: A Concise Encyclopedia (Toronto: University of Toronto Press, 1963) p.416에 잘 설명되어 있다.

• 191 여기에 소개된 상징들의 이미지와 의미들은 http://eggs-files.tripod.com/pysanky_4.html(인용일: 2007.11.1). 상징들에 대한 또 다른 자료로는 다음의 책들이 있다: Jane Pollak, "Original Designs," *Decorating Eggs: Exquisite Designs with Wax & Dye*(New York: Sterling, 1998), pp.86~99; Deirdre Leblanc, "Pysanky: what do the colors & symbols really mean?" *Deirdre's Pysanky Booklet*(www.todeirdre.com).

• 192 Deirdre Leblanc의 "Pysanky: what do the colors & symbols really mean?"에서는 이 상징이 성공, 사랑, 열정을 의미한다고 한다. 보통 이들 상징은 내부에 십자가 모양을 그리게 된다.

• 193 우크라이나어로 Doroha-Smuha라고 불리는 이 상징은 벨트와 리본을 나타내며, 항상 끊어지지 않고 지속이 된다는 점에서 영원성을 나타낸다고 믿어진다. Deirdre Leblanc의 "Pysanky: what do the colors & symbols really mean?," p.4 참조.

• 194 우크라이나어로 Zubchasta라고 불리는 이 상징은 상반된 성질의 것이 만나는 장소를 의미한다고 한다. Leblanc, "Pysanky: what do the colors & symbols really mean?," p.3 참조.

• 195 본 그림과 같이 수직과 수평선으로 구성된 체 모양은 악으로부터 선을 분리시킨다는 의미를 갖는 반면, 삼각형이나 다이아몬드형으로 된 체 모양은 모성애, 생명의 부여자, 선물 등과 같은 의미를 지닌다고 한다. Leblanc, "Pysanky: what do the colors & symbols really mean?," p.5 참조.

• 196 A. 반 겐넵, op.cit.

• 197 V. Turner, op.cit., 1967, pp.99~103.

• 198 V. Turner, op.cit., 1969, p.95.

• 199 Ibid.

• 200 V. Turner, op.cit., 1969, p.100.

• 201 M. Bakhtin, op.cit., 2004, p.29.

• 202 Ibid., p.32.

• 203 F. E. Manning, "Cosmos and Chaos: Celebration in the Modern World," *The Celebration of Society: Perspectives on Contemporary Cultural Performance*(Ohio: Bowling Green University Popular Press, 1983), p.4.

• 204 V. Turner, op.cit., 1969, p.95.

• 205 Valentyna K. Borysenko, *Vesil'ni zvychai ta obriady na Ukraini: istoryko-etnohrafichne doslidzhennia*(Kyiv: Naukova dumka, 1988), p.145.

• 206 Hnatiuk Tantsiura, *Vesillia v seli Ziatkivtsiakh*(Kyiv: Redaktsiia chasopysu "Narodoznavstvo," 1998), pp.298~299.

• 207 O.Kondratovych, *Vesillia na Polissi*(Luts'k: Nadstyr'ia, 1996), p.73.

• 208 O. A. Pravdiuk and M. H. Kyianytsia, "Vesillia v seli Dudarykiv," *Vesillia u dvokh knyhakh*(Kyiv: Naukova dumka, 1970), p.375.

• 209 Natalie Kononenko, "Ukrainian Village Weddings: Collected in Central Ukraine, 1998." *SEEFA Journal*, vol.4, no.1, 1999, p.67; http://www.virginia.edu/slavic/seefa/UKRWEDDING.HTM

• 210 P. Kh. Vovk, *Studii z Ukrains'koi Etnohrafii ta Antropolohii* [Study of Ukrainian Ethnography and Anthropology](Kyiv: Mystetstvo, 1995). (Original work published in 1919).

• 211 Volodymyr Shukhevych, *Huculszyna* [Hu'tsul'shchyna. Polish](Lviv: Muzeum im. Dzieduszyckich, 1902).

• 212 V. Turner, op.cit., p.95.

• 213 http://www.virginia.edu/slavic/seefa/UKRWEDDING.HTM

• 214 F. E. Manning, op.cit., p.4.

• 215 Ibid.

• 216 http://www.wirginia.edu/slavic/seefa/UKRWEDDING.HTM

• 217 Nadya Foty, A Celebration of Folk Burlesque: Ukrainian Mock Weddings in Saskatchewan. Master's Thesis, University of Alberta, Canada, 2006.

• 218 여기에 소개된 제임스와 마샤(가명)의 혼례내용은 본인의 인터뷰에서 얻은 것이다. James and Masha, Recorded interview by Sogu Hong, Edmonton, Alberta (May 21, 2003).

• 219 F. E. Manning, op.cit., p.14.

• 220 모힐라 연구소는 1916년에 설립되어 캐나다 사스카치완주 사스카툰시에 거주하는 우크라이나인들에게 교육을 제공하였다. 특히 농촌지역으로부터 사스카툰시로 올라와 고등학교나 대학교에 다니는 학생들을 대상으로 우크라이나어, 문학, 역사 등을 가르쳤다. P. Mohyla Ukrainian Institute, 1945, 310.

• **221** 쟝-피에르 바니에 저, 『문화의 세계화』, 주영일 역(서울: 한울, 1999), p.160.

• **222** M. J. Collier & A. Thomas, "Cultural identity: An interpretive perspective." In Y. Y. Kim & W. B. Gudyunst(Eds.), *Theories in intercultural communication*(NewBury Park, CA: Sage, 1988), p.188.

• **223** G. Mattews, *Global culture/Individual idnetity: Searching for home in the ucltural supermarket* (London: Routledge, 2000).

• **224** S. Hall, "Introduction: Who needs identity?" In S. Hall & P. du Gay(Eds.), *Questions of cultural identity*(London: Sage, 1996), p.6.

• **225** Conzen et. al., "The invention of ethnicity: A perspective from the U.S.A," *Journal of American Ethnic History*, 12(1), 3-39; http://www.library. ualberta.ca/library_html/libraries/hss/iebscoh.html.(2006년 5월10일).

• **226** G. Belay, "The (Re)construction and Negotiation of Cultural Identities in the Age of Globalization," In H. B. Mokros, ed., *Interaction and Identity: Information and Behavior* (New Brunsweick, NJ: Transaction Publicshers), p.321.

• **227** Ibid., p.320.

• **228** Geert Hofstede 저, 『세계의 문화와 조직』, 차재호, 나은영 역 (서울: 학지사, 1995), p.29~33.

• **229** Ibid., p.30.

• **230** 사진 1, 2, 3은 Jennifer Dickinson의 'Contemporary Advertising in Ukraine.' http://www.uvm.edu/~jadickin/gallery3.html(인용일: 2006. 10.22).

• **231** 우크라이나 우표들은 전자우편앨범의 웹사이트를 참조 http://www.ukrainian - philately.info/menu.htm. 다음의 우표들은 우크라이나 역사의 정당성과 연속성을 강조하고 있다: 1) 선사시대 트릴리안 문화발견 100주년(1994.12.17). 2) 키예프 루시 미카엘 천사 문장(1993.2.15) 3). 고대 우크라이나 르비브 문장 - 황금사자(1993.2.15) 4) 할리치공국 건립 1100주년(1998.8.8), 5) 키예프 건설 AD482년 기념(1997.5.6), 6) 아스콜드와 디르(키예프 국가 건설)(1998.7.4), 7) 유명한 우크라이나여인 - 올하공주(AD 890) 최초로 기독교로 개종한 루스 지배자(1997.12.7), 8) 우크라이나의 코사크들(1992.3.3), 9) 독립을 위한 우크라이나의 역사 삼백오십주년 - 보흐단 흐멜니츠키(헤트만)(1998.7.25)

• **232** 우크라이나의 화폐에 그려진 상징성들에 대한 연구는 Simon Franklin, "Russia in time," in *National Identity in Russian Culture: An Introduction*(Cambridge & New York: Cambridge University Press, 2004), pp.25~27 참조.

• 233 1997년부터 '키예프의 날' 기념식 때 키예프 루스 시기의 현인이었던 야로슬라브 무드리(Yaroslav Mudry) 대공의 동상이 과거 키예프 루스의 관문인 황금문(Zolota Vorota) 바로 옆에 서게 되었다. 이보다 한 해 앞서 1996년에는 키예프 한 복판 성 끼릴과 메토디우스 동상 바로 옆에 키예프 루시 최초의 기독교 수용자였던 올하 공후의 동상이 세워졌다. 이뿐만 아니라 1997-1998년에 황금 지붕을 가진 성미하일 성당도 다시 재건되었는데, 이 성당은 스뱌토폴크 2세에 의해 12세기에 지어졌다가 13세기 몽골에 의해 부서지게 되고, 1496년에 다시 재건되었다가, 1935-1936년 스탈린에 의해 파괴되었던 대성당이었다. 키예프 중심에 성미하일 성당을 재건한데는 키예프가 러시아에 지배되지 않는 우크라이나 정교회의 중심이라는 것을 보여주는 상징적 의미를 가지고 있는 것이다. 이외에도 키예프에는 많은 역사적 조형물들이 재건되는데 좀 더 상세한 설명은 Taras Kuzio, "Nation Building, History Writing and Competition over Legacy of Kyiv Rus in Ukraine," in *Nationalities Papers*, Vol.33, No.1, March 2005, pp.44~46 참조.

• 234 Stephen Shulman, "The cultural foundations of Ukrainian national identity," *Ethnic and Racial Studies*. Vol.22, No.6 (Nov. 1999), pp.1011~1036.

• 235 Shulman, op. cit., p.1020.

• 236 Encyclopedia Britanica, http://www.britannica.com/eb/article-233875/democracy(인용일: 2006.10.20).

• 237 Freedom House, "Nations in Transit – Ukraine(2005)."; http://www.freedomhouse.org/template.cfm?page=47&nit=378&year=2005(인용일: 2006.5.10).

• 238 자세한 정보는 Jaroslaw Koshiw, *Beheaded: The Killing of a Journalist*(Reading: Artemia Press, 2003) 참조.

• 239 Mykola Polyuha, "Ukrainian Internet Identity." in *WJGR*, Vol. 12(1), 2005, p.82.

• 240 "Ukraine Experiencing Boom in Internet Use," *REDORBIT*(2008.10.2); http://www.redorbit.com/ news/display/?id=1575741(인용일: 2008.10.23).

• 241 Myron B. Kuropas, "Will NGOs save Ukraine?" *The Ukrainian Weekly* #35, August 31, 1997.

• 242 서부 르비브는 전통적으로 민족주의적 성향이 강하며, 친서방적인 정치인들에게 우호적이다. 동부 도네츠크시는 주로 러시아계 우크라이나인들로 구성되어 있으며, 친러시아적 성향이 강하다.

참고문헌

U K R A I N E

- Abrams, Allison. "Event Summary: Holidays and Nation-Building in Ukraine," Woodrow Wilson Internatonal Centre for Scholars(2000.03.20).
- Allen, Max. *The Birth Symbol in Traditional Women's Art From Eurasia and The Western Pacific*. Toronto: Museum for Textiles, 1981.
- Anderson, Benedict. *Imagined Communities: Reflections on the Origin and Spread of Nationalism*. London: Verso, 1983.
- Austin, Lewis. "Visual Symbols, Political Ideology, and Culture," in *Ethos*, Vol.5, No.3 (Autumn 1977).
- Babcock, Barbara A. *The Reversible World: Symbolic Inversion in Art and Society*. Ithaca and London, Cornell University Press, 1978.
- Bakhtin, M.(2004) 이덕형、최건영 옮김. 『프랑수아 라블레의 작품과 중세 및 르네상스의 민중문화』. 서울: 아카넷.
- Bakhtin, M. *Fransua Rable i narodnaia kul'tura Srenevekovia i Renessansa*. Moscow: Khudozhestvennaia Literatura, 1990.
- Bakhtin, Mikhail. 『프랑수아 라블레의 작품과 중세 및 르네상스의 민중문화』, 이덕형 · 최건영 역. 서울: 아카넷, 2004.
- Beck, Ulrich. *What is Globalization?* Moscow: Progress-Traditsiya. 2001.
- Belay, Getinet. "The (Re)construction and Negotiation of Cultural Identities in the Age of Globalization," In H. B. Mokros, ed., *Interaction and Identity: Information and*

Behavior. New Brunsweick, NJ: Transaction Publicshers, 1996. pp.320~346.

- Ben-Amos, Dan. *Toward New Perspectives in Folklore*. Austin: University of Texas Press for the American Folklore Society, 1972.
- "Biography of Tymoshenko" http://www.tymoshenko.com.ua/eng/about/
- Blank, Trevor J. "Examining the Transmission of Urban Legends: Making the Case for Folklore Fieldwork on the Internet," *Folklore Forum* 37. 1(2007); https://www.indiana.edu/~folkpub/forum/journal.php?action=articledisplay& articleid=44
- Bodnar, Nadiya. "Zhinky i polityka." *Express* 10 feb, 2005,
- Borland, Katherine and Livesay, Jennifer. "Folk Speech," *The Emergence of Folklore in Everyday Life*. Bloomington, IN, Trickster Press, 1990.
- Borysenko, Valentyna K. *Vesil'ni zvychai ta obriady na Ukraini: istoryko-etnohrafichne doslidzhennia*(Wedding customs and traditions in Ukraine: historic-ethnographic research). Kyiv: Naukova dumka, 1988.
- Britsyna, O and Golovakha, I. "The Folklore of the Orange Revolution." Presentation paper at the University of Alberta(2006. March)
- "Bselens'kyi patriarkh Varfolomyii pryide v Ukrainu naprykintsi lypnia," *Bratstvo* (2008.07.03).
- Buslaev, O. *Istoricheskaia Khrestomatiia Tserkovno-Slavianskoho i Drevne Russkoho Iazykov*. Mosckva, 1861.
- Chicago, Judy. *The Birth Project*. Garden City: Doubleday, 1985.
- Chyzhenskyi, Dmytro. "Ukrains'ka filosofiia," in Dmytro Antonovych (ed.), *Ukrains'ka kul'tura: lektsii za redaktsieiu Dmytra Antonoycha*, Kyiv: Lybid, 1994.
- Collier, M. J. & Thomas, A. "Cultural identity: An interpretive perspective." In Y. Y. Kim & W. B. Gudyunst (Eds.), *Theories in intercultural communication*. NewBury Park, CA: Sage, 1988.
- Conzen et. al. "The invention of ethnicity: A perspective from the U.S.A." *Journal of American Ethnic History*. 12(1), pp.3~39.
- Czubatyj, Nicholas D. "Ukraine and the Western World." *Ukrainian Quarterly*. vol.3, no.2, 1947. pp.145~150.

- Dalton, Meredith, *Ukraine: Culture Shock! A Survival Guide to Customs & Etiquette*. Singapore: Graphic Arts Center Publishing Company, 2001.
- "Day of Kyiv." http://flickr.com/photos/vkhokhl/sets/72157594146 911531/ (2006. 10. 10).
- "Den' kyyeva." http://day.kmv.gov.ua/day.asp
- Derzhko, Volodymyr. "Ukraina pered vyborom: avtorytaryzm chy demokratiya," *Weekly Mist*. no. 38, Oct. 2001,
- Deutsch, Karl W. 'Symbols of Political Community' in *Symbols and Society*. New Ork and London: Harper & Brothers, 1955.
- Dickinson, Jennifer. 'Contemporary Advertising in Ukraine.' http://www.uvm. edu/~ jadickin/gal lery3.html (2006. 10.22).
- Doroshenko, Dmytro. "A Survey of Ukrainian Historiography." *The Annals of the Ukrainian Academy of Arts and Science in the U.S.* 5–6, no.4. 1957, pp.132~145.
- Draister, Emil. "New Russians' jokelore: Genesis and sociological interpretations." ;http://findarticles.com/p/articles/ mi_qa3996/ is_200107/ai_n8959347/print
- Duncun, H. Dalziel. *Symbols in Society*. New York: Oxford University Press, 1968.
- Durkheim, Emil.(1967) *The Elementary Forms of the Religious LIfe*, Translated by Joseph Ward Swain. New York: The Free Press.
- Elliott, C. *The Power of Satire: Magic, Ritual, Art*. Princeton: Princeton University Press, 1960; "Satire" http://en.wikipedia.org/wiki/Satire 에서 재인용.
- "Europe Day 2008" by The European Comission's Delegation; http://www.delukr.ec. europa.eu/home.html
- Firth, Raymond. "Symbols," *Public and Private*. London: George Allen & Unwin, 1973.
- Foss, M. *Symbol and Metaphor in Human Experience*. Princeton, New Jersey: Princeton University Press, 1949.
- Foty, Nadya. A Celebration of Folk Burlesque: Ukrainian Mock Weddings in Saskatchewan. Master's Thesis, University of Alberta, Canada, 2006.
- Frank, J. Lechner and Boli, John. eds. *The Globalization Reader*. Victoria, Aus: Blackwell Publishing. 2006.

- Franklin, Simon. "Russia in time," in *National Identity in Russian Culture: An Introduction*. Cambridge & New York: Cambridge University Press, 2004.
- Franko, I. "Iak vynykaiut' narodni pisni" in *Zbiranna'a tvoriv u 50 t.* Vol. 27. Kyiv: Naukova Dumka, 1980.
- Freedom House. "Nations in Transit – Ukraine."; http://www. freedomhouse.org/template.cfm? page=47&nit=378&year=2005. (2006. 5. 10).
- Grabowicz, O and Wolynetz, L. *Rushnyky: Ukrainian Ritual Cloths*. New York: The Ukrainian Museum, 1997.
- Hall, S. "Introduction: Who needs identity?" In S. Hall & P. du Gay (Eds.), *Questions of cultural identity*. London: Sage, 1996, p.6.
- Hofstede, Geert. *Cultures and Organization*, translated by Cha Jae-Ho & Nah Eun-Young. Seoul: Hakjisa, 1995.
- Horniatkevych, D. "Easter Egg." *Ukraine: A Concise Encyclopedia*. Toronto: University of Toronto Press, 1963. pp.415~417.
- http://www.library.ualberta.ca/library_html/libraries/(2006.5.10).
- http://www.wilsoncenter.org/index.cfm?fuseaction=events.event_summary&event_id=3857.(2006.5.10)
- "Independence-seeking Ukrainian church welcomes Bartholomew," *Today's Zaman* (2008.08.03).
- Kelly, M. *Goddess Embroideries of Eastern Europe*. McLean: Studiobooks, 1996.
- Khineyko, Ilya.(2007) "Dear Women!: The Ukrainian media celebrates International Wolen's Day," *Current Politics in Ukraine*; http://ukraineanalysis. wordpress.com/2007/03/09/dear-women
- Kis, Oksana. "Beauty Will Save The World! : Feminine Strategies in Ukrainian Politics and the Case of Yulia Tymoshenko." http://www.yorku.ca/soi/_Vol_7_2 /_HTML/Kis.html
- Kondratovych, Oleksandra. *Vesillia na Polissi*. Luts'k: Nadstyr'ia, 1996.
- Kononenko, Natalie. "Ukrainian Village Weddings: Collected in Central Ukraine, 1998." *SEEFA Journal*, vol.4, no.1, 1999, pp.63~72. http://www. virginia.edu/slavic/seefa/

UKRWEDDING.HTM.

- Kononenko, Natalie. "Research speakers on Orange Revolution folklore." *The Ukrainian Weekly*, February 26, 2006, No 9, Vol.LXXIV.
- Kononenko, Natalie. "The Ukrainian Village House," Ukrainian Traditional Folklore; http://www.arts.ualberta. ca/uvp/pages/media/houses/index.htm? menu=4-2:4.
- Kornylo, James and Masha. Recorded interview by Sogu Hong. Edmonton. May 21, 2003.
- Korzhov, Gennadiy. "Globalization as Exportation of Western Values: The Post-Communist Ukrainian Experience,"; http://www.crvp.org./book/ Series04/IVA-27/chapter_iv.htm. (2006. 5. 1).
- Koshiw, Jaroslaw. *Beheaded: The Killing of a Journalist*. Reading: Artemia Press. 2003.
- Kostenko, Natalia. Androsenko, Tatyana and Ludmila Males.(2004) "Ukraine: In Search of Holidays" in *Natonal Days/National Ways: Historical, Political, And Religious Celebrations Around the World*. Greenwood Publishing Group.
- Kostomarov, M. "Ob istoricheskom znachenii russkoi narodnoi poezii." *Sochineniia Nikolaia Kostomarova*. Kharkiv: Universitetskaia tipografiia: reprinted in Etnohrafichni pysannia Kostomarova, 1843. pp.5~114.
- Kostomarov, M. "Dve russkie narodnosti," *Osnova*, no.3(1861), pp.33~80; "Two Russian Nationalieis," Trans. Thomas M. Prymak, in *Towards an Intellectual History of Ukraine: An Anthology of Ukrainian Thought from 1710-1995*. Ed. Lindheim Ralph and George S. N. Luskyj. Toronto, Buffalo, and London: University of Toronto Press, 1996. pp.122~134.
- Kostomarov, M. "Istoricheskoe znachenie iuzhno-russkogo narodnogo pesennogo tvorchestva," in various numbers of *Beseda*(1872); reprinted in Sobranie *sochinenii N. I. Kostomarova*, book 8, vol. 21, pp.429~1081.
- Kul'chyts'kyi, Stanislav. "UPA pozpoqynaie aktyvni protynimets'ki dii," *Obozrevatel* (2008.05.09); http://www.obozrevatel.com/news/2005/8/5/32006.htm
- Kuropas, Myron B. "Will NGOs save Ukraine?" *The Ukrainian Weekly*. no.35, 1997.
- Kuzela, Z. "The Summer Cycle." in *Ukraine: A Concise Encyclopedia*. Toronto;

University of Toronto Press, pp.328~341, 1963.

- Kuzio, Taras. "Nation Building, History Writing and Competition over Legacy of Kyiv Rus in Ukraine," in *Nationalities Papers*, Vol.33, No.1, 2005. pp.29~58.
- Lane, Christel.(1981) *The Rites of Rulers: Ritual in Industrial Society – the Soviet Case.* Cambridge: Cambridge University Press.
- LeBlanc, Deirdre. "Pysanky: what do the Colors & Symbols really mean?" Deirdre's Pysanky Booklet(e–booklet): www. todeirdre.com.
- Le Bon, G. *Psykhologiia.* Kyiv: KSP, 1999.
- Leeds–Hurwitz, Wendy. *Semiotics and Communication: Signs, Codes, Cultures.* Hove and London: Lawrence Erlbaum Associates, Publishers, 1993.
- Leeds–Hurwitz, W. *Wedding as Text.* London: Lawrence Erlbaum Associates, Publishers. 2002.
- Levin, Eve. "Dvoeverie and Popular Religion," in Batelden. S. K. *Seeking God: The Recovery of Religious Identity in Orthodx Russia, Ukraine and Georgia.* DeKalb: Northern Illinois Univ. Pres, 1993.
- "Mamority in Ukraine say Victory Day is Great Holiday – Public Opinion Poll" in *The National News Agency of Ukraine* (2008.05.07)
- Manning, Frank, E. "Cosmos and Chaos: Celebration in the Modern World." *The Celebration of Society: Perspectives on Contemporary Cultural Performance.* Ohio: Bowling Green University Popular press, pp.3~30, 1983.
- Matios, Maria. *Mr and Mrs U in Country UA.* Kyiv, 2006
- Mattews, G. *Global culture/Individual idnetity: Searching for home in the ucltural supermarket.* London: Routledge, 2000.
- Medwidsky, Bohdan. (ed.), *Ukrainian Proverbs*, vol. 2 Edmonton: CIUS Press, 2000.
- Mirchuk, Ivan. *Ukraine and its People.* Munich: Ukrainian Free University Press, 1949.
- Mirchuk, Ivan. "Western tendencies in Ukrainian culture," *Ukrainian Quarterly*, vol. 4, no. 3, pp.264~269.
- "Mykhailivs'kyi Zolotoverkhyi" *VIATEL*, Kyiv, 2002.

- *Natsional'na radiokompaniia ukrainy*, Kyiv 2007.01.22
- Naulko, V. I. *Kultura i povut naselennia ukrainy*. Kyiv: Lyvid', 1993.
- Northrop, Frye. *The Critical Path: An Essay on the Social Context of Literary Criticism*. Bloomington: Indiana University Press, 1971.
- Official Ukrainian Natonal Anthem finally decided in 2003. http://pages.prodigy. net/l.hodges/anthem.htm (2006. 10.25).
- Pasko, Yaroslav. "The influence of Symbolic tradition on the processes of contemporary Ukrainian transformation Ukraine in the context of European experience," http://www.crvp.org/seminar/05-seminar/ pasko.htm
- Pasko, Yaroslav. "Ukrainian national identity in the context of the processes of globalization." file://J:WcoursematerialsWCHAPTERXV.htm. (2006.3.1).
- P. Mohyla Ukrainian Institute. *Twenty-Five Years of the P. Mohyla Ukrainian Institute in Saskatoon*. Winnipeg: P. Mohyla Ukrainian Institute, 1945.
- "Political Colour." http://en.wikipedia.org/wiki/Political_colour
- Pollak, Jane. "Original Designs," *Decorating Eggs: Exquisite Designs with Wax & Dye*. New York: Sterling, 1998, pp.86~99
- Polyuha, Mykola. "Ukrainian Internet Identity." in *WJGR* Vol. 12(1), 2005. pp.82~91.
- "Pora." http://pora.org.ua/eng/content/view/2970/310/
- Pravdiuk, O. A. and Kyianytsia, M. H.(1970) "Vesillia v seli Dudarykiv." *Vesillia u dvokh knyhakh*. Kyiv: Naukova dumka.
- "President plants snowball garden," Offical Website of President of Ukraine (2005.11.26); http://www.president.gov.ua/en/news/1796.html?Printversion
- "President Speech" (2005.11.22); http://www.president.gov.ua/news/data/print/4342.html
- "President Speech"(2005); http://news.bigmir.net/article/ukraine/594626
- Prezydent Ukrainy Viktor Iushchenko: Ofitsiine internet-predstavnytstvo; http://www.president.gov.ua/ en/gallery/990.html#13537
- "Pryvitannia Yulii Tymoshenko zi sviatom vesny – 8 berezia" 6 Mar. 2002; http: www.

tymoshenko.com/ ukr/news/first/606

- Pyrih, Ruslan. *Holodomor 1932–1933 r.r. v Ukraini. Dokumenty i materially* [The Holodomor of 1932–1933 in Ukraine: Documents and Materials]. Kyiv: Mohyla Academy Publishers, 2007.
- "Red states and blue states," http://en.wikipedia.org/wiki/Red_states_and_ blue_states
- "Religion in Ukraine" from Wikipedia, the free encyclopedia, http://en.wikipedia.org/wiki/Religion_in_Ukraine
- Religious Information Service of Ukraine; http://www.risu.org.ua/eng/major.religions/orthodox.mp/
- Rikoon, J. Sanford & Lawless, Elaine J. *A Basic Guide to Fieldwork for Beginning Folklore Studies: Techniques of Selection, Collection, Analysis, and Presentation*, Folklore Monographs Series, Volume 7.
- Rudnytsky, Ivan. "Ukraine Between East and West." in *Eassays in Modern Ukrainian History*. Cambridge, MA: Harvard University Press, 1987.
- Rudnytsky, Stepan. *Ukraine: The Land and its People*. New York City: Rand McNally, 1918.
- "Russia holds military parade to mark victory day," *People's Daily Online* (2008.05.09)
- "Russian lawmaker criticizes Moscow, Minsk for ignoring Christianity celebrations in Kiev," *Interfax* (2008.07.27)
- Rybakov, B. A. *Iazychestvo drevney rusi*. Moskva: Sofiia, 2001.
- Samoilovich V.P. *Narodnoe arkhitekturnoe tvorchestvo. Po materialam Ukrainskoi SSR*. Kyiv: Budivel'nyk, 1977. p.19.
- Santino, Jack. *All Around the Year: Holidays and Celebrations in American Life*. Univeristy of Illinois, 1995.
- Saussure, Ferdinand de. 'Course in General linguistics' in *Semiotics*, vol. 1. London: Sage, 2003.
- Schoemaker, George H. "Introduction: Basic Concepts of Folkloristics," *The Emergence of Folklore in Everyday Life*. Bloomington, IN, Trickster Press, 1990.
- Shukhevych, *Volodymyr Huculszyna* [Hu'tsul'shchyna. Polish]. Lviv: Muzeum im.

Dzieduszyckich, 1902.

- Shulman, Stephen. "The cultural foundations of Ukrainian national identity," *Ethnic and Racial Studies*. Vol.22, No.6. Nov. 1999, pp.1011~1036.
- "Slovo do viruyuchykh naperedoni Velykodnia" 25 Apr. 2003; http://tymoshenko.com.ua/ukr/news/first/1146/
- Smith, Moira. "Jokes and Practical Jokes," *The Emergence of Folklore in Everyday Life*. Bloomington, IN, Trickster Press, 1990.
- Spindle Group, *Symbols: 155 Old Ukrainian Designs*. Kyiv: Sunflower, 1992.
- St. Andrew's Ukrainian Catholic Church. "The Forms of Ukrainian Crosses"; http://members.optushome.com.au/standrew/Forms%20of%20Ukrainian%20Crosses.html
- Stickgold, Emma. "Ukraine, Russia Face Off Over Christian Orthodoxy," in *VOA* news (2008.07.27)
- Stoeltje, Beverly J. "Festival," *Folklore, Cultural Performances and Popular Entertainments*, Ed. by Richard Bauman. New York, Oxford University Press, 1992.
- "Street Violence in Ukraine in Wake of Communist Memorial March," Kiev Ukraine News Blog (2006.11.07).
- Subtelny, Orest. *Ukraine: A History*. Toronto: University of Toronto Press, 1988.
- "Symbols and Colors Used on Pysanky." http://www.learnpysanky.com/ symbols.html
- Tantsiura, Hnat. *Vesillia v seli Ziatkivtsiakh*. Kyiv: Redaktsiia chasopysu "Narodoznavstvo," 1998.
- The Ukrainian Museum, "Ukrainian Folk Icons, 18th–19th Centuries" Brama, January 25, 2002.; http://www.brama.com/press/020125ukrainianmuseum.html
- Turner, Victor. *The forest of symbols: Aspects of Ndembu ritual*. Ithaca: Cornell University Press, 1967.
- Turner, Victor. *The Ritual Process: Structure and Anti-Structure*. Ithaca, New York: Cornell University Press, 1969.
- Ukrainain Electronic Stamp Album, http://www.ukrainian-philately.info/ menu.htm
- "Ukraine calls for independent Church in spat with Moscow," *AFP* (2008.07.26).

- "Ukraine celebrates Europe Day." http://www.kmu.gov.ua/control/en/publish/article?art_id= 16666028&cat_id= 2297108 (2005. 5.14).
- "Ukraine PM makes Elle front cover." *BBC News* (April 19, 2005); http://news.bbc.co.uk/2/hi/europe/4461169.stm
- Ukraine: Presidential election 2004 (Yanukovych in prison); http://www.conflicts.rem33.com/images/HUMOR/ ukr_polit_poster.htm (2008.01.24).
- "Ukrainian Anthem." http://pages.prodigy.net/l.hodges/anthem.htm
- "Ukrainian Christmas." http://en.for-ua.com/gallery/47/, (2006. 12. 28).
- "Ukrainian flags" http://www.crwflags.com/fotw/flags/ua%7D.html
- Ukrainian Museum in New York, Ukrainian Sculpture and Icons: History of Their Rescue, 2006; http://www.rodovid.net/ua/sculandicons/index_en.html.
- Van Gennep, Arnold, 전경수 옮김. 『통과의례』. 서울: 을유문화사, 2000.
- Vovk, P. Kh. *Studii z Ukrains'koi Etnobrafii ta Antropolobii* [Study of Ukrainian Ethnography and Anthropology]. Kyiv: Mystetstvo, 1995 (Original work published in 1919).
- Warnier, Jean Pierre. 『Munhoayu Segyehoa』(La mondialisation de la culture), Translated by Ju, Young il Seoul: Hanul, 1999, p.160.
- "Wedding Traditions in Ukraine," http://www.museums.ualberta.ca/exhibits/ukrnwedding/ phase1.html
- Wilson, Andrew. *Ukraine's Orange Revolution*. New York: Yale Univ. Press, 2006.
- Woloch Vaughn, M. *Ukrainian Easter: Traditions, Folk Customs and Recipes*. Munster: Ukrainian Heritage Company, 1983.
- Wolynetz, Lubow. "Rushnyky in Ukrainian Folk Art and Tradition." *Forum* 74, pp.14~17.
- Yanukovych's egg; http://www.xtremecamera.com/photo/2072 (2008.01.24)
- "Yulia Tymoshenko: Medvedchuk, Yanukovych, Pinchuk i Surkis budut pratsiuvaty v opozytsii", 14 Oct. 2003; http://www.glavred.com
- Yushchenko's potrait by Lewis Eye-Opening Art; http://www.lewisart.biz/pix/yushchenko.jpg (2008.01.24).
- Zawada, Zenon. "Ukraine marks 14th anniversary of independence," *The Ukrainian*

Weekly, No. 36, Vol. LXXIII (2005.09.04).

- Zazulya-Ostriychuk, Olha. "Identity Construction: National Rebirth or Identity Crisis?" International Graduate Student Symposium, 2006.
- Zhurzhenko, Tatiana. "Ukrainian Feminism(s): Between Nationalist Myth and Anti-Nationalist Critique," IWM Working Paper No.4. 2001, Vienna; http://www.multiculturedonne.com/files/ukr.feminism.pdf
- 김우승. "러시아의 기독교 신앙과 민간신앙: '이중신앙' 적 측면." 『사회과학연구』, 제13권. 대전: 배제대학교 사회과학연구소, 1995.
- 이명재, 동슬라브인의 축일 문화: 민족 정체성과 재생으로서의 생명력, 한국외국어대학교 러시아학과 석사학위 논문 (2005년 8월)
- 임영상. "종교축일과 민속명절에 나타난 러시아적 삶의 특징." 『슬라브연구』, 제13권. pp.119~157.
- 장실, "이콘과 고골의 초상화," 『슬라브연구』, 제22권 1호(2006), pp.175~198.
- 홍석우. "우크라이나의 종교와 민족주의." 『소련과 동유럽의 종교와 민족주의』, 임영상, 황영삼 편저. 서울: 한국외국어대학교, 1995. pp.85~108.
- 황성우, "러시아 달력체계의 변화과정-스탈린의 달력개혁을 중심으로," 『국제지역연구』, 제8권 2호, pp.101~21.
- 황성우. "러시아 이중신앙 용어에 대한 재검토." 『슬라브연구』, 제17권 1호. pp.151~177.
- 황영삼. "러시아 민간신앙 연구-기독교 수용과 연관성을 중심으로." 『슬라브연구』, 제14권. pp.21~44.

찾아보기

U K R A I N E

코자크와 오렌지혁명의 나라

우크라이나

초판 인쇄 2008년 11월 15일

초판 발행 2008년 11월 25일

지은이 홍 석 우

펴낸이 박 철

펴낸곳 한국외국어대학교 출판부

130-791 서울특별시 동대문구 이문동 270

전화 : 02-2173-2495~6

팩스 : 02-2173-3363

홈페이지 : http://press.hufs.ac.kr

전자우편 : press@hufs.ac.kr

출판등록 제6-6호(1969. 4. 30)

편집 · 디자인 (주)이환D&B 02)2254-4301

인쇄 (주)삼진피앤씨 02)2271-0860

ISBN 978-89-7464-512-0 03920 **정가** 14,000원

※ 잘못된 책은 교환하여 드립니다.

불법복사는 지적재산을 훔치는 범죄행위입니다.

저작권법 제136조(권리의 침해죄)에 따라 위반자는 5년 이하의 징역 또는 5천만원 이하의 벌금에 처하거나 이를 병과할 수 있습니다.